KB205830

The Countdown to the Rapture has begun

휴거 되는 성도들

The Countdown to the Rapture has begun

daniel cho
다니엘조

목차

"주께서 호령과 천사장의 소리와 하나님의 나팔 소리로 친히 하늘로부터 강림하시리니 그리스도 안에서 죽은 자들이 먼저 일어나고" "그 후에 우리 살아남은 자들도 그들과 함께 구름 속으로 끌어 올려 공중에서 주를 영접하게 하시리니 그리하여 우리가 항상 주와 함께 있으리라" (살전 4:16-17).

오늘 이 말씀이 주 예수 그리스도의 강림을 간절히 소망하는 모든 성도들에게 응하였습니다.

우리는 지금 휴거가 임박한 때를 살고 있습니다. 휴거는 예수님께서 성도들을 공중으로 들어 올려 천국으로 데려가는 사건인데 그 때가 매우 가깝다는 것입니다. 주님 재림의 긴박성에 대하여는 성경의 여러 곳에서 말씀합니다. 사도 바울은 잠시 잠깐 후면 오실 이가 오시리니 지체하지 아니 하시리라 하였고 주의 형제 야고보는 너희도 길이 참고 마음을 굳건하게 하라 주의 강림이 가까우니라고 했습니다. 무엇 보다도 그리스도께서 친히 내가 진실로 속히 오리라고 말씀하였습니다.

이처럼 휴거는 성경에 분명히 예언되어 있으며 시기적으로 가깝다는 사실도 강조하고 있습니다. 또한 휴거가 임박한 것은 세상에서 실제로 일어나는 쓰나미, 화산폭발, 지진 등 자연재해의 급증과 전 세계적으로 발생하고 있는 테러, 내전, 난민사태 등의 징조를 보아도 깨달을 수 있으며 이러한 징조들은 예수님이 하신 마지막 때의 예언이 성취되고 있는 것을 보여주는 것입니다. 그러므로 교회들은 주님이 곧 오신다는 사실을 믿고 준비하며 간절히 기다려야 함이 마땅한 것입니다.

그러나 안타까운 것은 많은 교회들이 휴거에 대하여 무관심하다는 사실입니다. 믿는 자들은 어느 시대를 살든지 예수님을 살아서 볼 것이라는 소망과 믿음이 있어야 하며 그러한 사람들은 회개와 거룩한 삶으로 더욱 잘 준비하게 됩니다. 그러나 지금의 교회들은 깊은 잠에 빠져 있습니다. 기도와 말씀 가운데 깨어 있지 못합니다. 주님 재림에 대한 믿음이 심각할 정도로 둔해졌습니다.

이처럼 지금의 교회가 휴거와 주님의 재림에 대하여 무관심하고 영적으로 죽은 모습을 하게 된 것은 이유가 있습니다. 그것은 목자들이 때를 따라 양들에게 꼴을 먹이지 않기 때문입니다. 즉 목사들이 교인들에게 휴거와 예수님 재림의 임박성을 가르치지 않기 때문에 교회가 잠을 자고 있는 것입니다.

이러한 목사들은 마지막 때에 교인들을 깨우지 못 할 뿐 더러 오히려 더 깊은 잠에 빠지게 하여 결국에는 교인들의 영혼을 지옥으로 끌고 갈 것입니다. 한국 교회의 대부분이 이처럼 스스로도 지옥문으로 들어가고 교인들도 지옥 자식 되게 하는 거짓 목사들로 채워졌다는 현실에 경악을 금할 수가 없습니다.

이 책을 쓰게 된 동기는 이처럼 영적으로 잠을 자는 한국의 교회들을 깨우기 위한 것입니다. 휴거가 반드시 일어날 것이며 그 때가 매우 가깝다는 심각성을 깨닫게 하려는 것입니다. 그리하여 잘 준비할 수 있도록 도우려는 것이며 결국에는 그 날에 모두 들림 받을 수 있도록 지혜와 지식을 주려는 것입니다. 아울러 휴거와 마지막 때의 절박함을 가르치지 않는 거짓 목사의 교회에서 속히 떠날 것을 당부하려는 것입니다.

부디 이 책을 읽고 전하는 사람들은 한 사람도 빠짐없이 그 날에 모두 휴거 되어, 공중에서 주를 만나 영원한 천국으로 들어가게 되기를 간절히 기도합니다.

．
．
．

예수께서 이르시되
내가 곧 길이요

·
·
·
진리요

·
·
·

생명이니
나로 말미암지 않고는
아버지께로 올 자가 없느니라

요한복음 14:6

The Countdown to the Rapture has begun

I
휴거의 비밀

"내가 보니 여섯째 인을 떼실 때에 큰 지진이 나며 해가 검은 털로 짠 상복 같이 검어 지고 달은 온통 피 같이 되며""하늘의 별들이 무화과나무가 대풍에 흔들려 설익은 열매가 떨어지는 것 같이 땅에 떨어지며""하늘은 두루마리가 말리는 것 같이 떠나가고 각 산과 섬이 제 자리에서 옮겨지매""땅의 임금들과 왕족들과 장군들과 부자들과 강한 자들과 모든 종과 자유인이 굴과 산들의 바위 틈에 숨어""산들과 바위에게 말하되 우리 위에 떨어져 보좌에 앉으신 이의 얼굴에서와 그 어린 양의 진노에서 우리를 가리라""그들의 진노의 큰 날이 이르렀으니 누가 능히 서리요 하더라"

요한계시록 6:12-17

1
세 번 휴거

환난전 휴거설과 환난중 휴거설과 환난후 휴거설이 있습니다. 이 세 가지는 모두 틀린 것입니다. 왜냐하면 그 내용과 상관없이 끝에 "설"자가 들어가기 때문입니다. 끝에 "설"자나 "론"자나 "주의"라는 말이 들어가면 모두 진리가 아닙니다. 왜냐하면 사람이 만든 것이기 때문입니다. 그러므로 칼빈주의도 거짓이고 아르메니안주의도 틀린 것입니다.

전천년설과 후천년설과 무천년설도 모두 엉터리입니다. 왜냐하면 끝에 설이 들어가기 때문입니다. 우리는 예수께서 부활한 사실을 믿지 예수 부활설을 믿는 것이 아닙니다. 우리는 천국과 지옥이 있다는 진리를 믿지 천국설이나 지옥설을 믿는 것이 아닙니다. 이러한 수많은 설과 주의를 만든 것은 신학자들입니다. 성령이 없는 자들이 지어낸 것입니다. 그리하여 진리를 혼잡하게 하고 있습니다.

지금은 마지막 때이고 주님의 재림이 임박한 때입니다. 곧 휴거가 일어날 것이며 세상은 큰 심판으로 들어갈 것입니다. 그런데 임박한 휴거와 심판을 준비해야 하는 이 때에 휴거가 언제 일어날 지에 대한 혼란이 있습니다. 이 혼란은 바로 설들을 만들고 설들을 가르치는 사람들 때문입니다.

교회는 진리를 가르쳐야 합니다. 성령께서 진리로 열어 주신 것만 가르쳐야 하며 설을 가르치지 않아야 합니다. 성경에는 휴거가 언제 어떻게 일어나는지 사실적으로 때로는 비유로 상세히 드러나 있습니다. 교회가 이것을 이해하지 못하고 여러가지 설을 가르치는 이유는 성경을 모르기 때문입니다. 그리하여 교인들이 미혹을 받고 있습니다.

어떤 설교자는 이렇게 말을 합니다. 자신은 환난후 휴거설을 믿는데 환난전 휴거설을 믿는 사람의 의견도 존중한다고 합니다. 이렇게 말하는 것은 진리에 대한 바른 태도가 아닙니다. 학자들은 서로 다른 학설을 존중하는 경향이 있습니다. 그것은 세상 학문에서 통하는 것입니다. 진리는 의견이 아닙니다. 세상에는 진리와 거짓 두 종류밖에 없습니다.

진정한 주의 종은 휴거가 대환난을 기준으로 언제 일어나는지에 대하여 바르게 알고 바르게 가르쳐야 하는 책임이 있습니다. 몰라서 가르치지 않는 목사들도 많습니다. 그러나 그것은 핑계가 될 수 없습니다. 즉 목사는 휴거에 대하여 반드시 알아야 하고 가르쳐야 합니다.

휴거 되는 성도들

휴거는 이세상에서도 가장 큰 사건이며 동시에 천국의 달력에도 가장 큰 잔치의 날로 예정되어 있습니다. 인류 역사를 통틀어 이러한 큰 사건이 없었습니다. 이 사건은 천지창조의 기적을 능가하는 기적입니다. 노아의 홍수보다 놀랄 만한 일이고 예수 그리스도의 부활을 능가하는 대 사건입니다. 이 사건은 전 인류가 늙은이나 젊은이나 믿는 자나 믿지 않는 자나 임금이나 종이나 큰 자나 작은 자 모두가 그 당사자입니다.

휴거는 인류의 역사 이래 믿음 가운데 죽은 모든 자들이 부활하여 무덤에서 나오고 이 땅의 구원받은 자들은 죽음을 겪지 않은 채 함께 공중으로 들림 받아 천국으로 들어가는 것입니다. 휴거는 사람이 다스리는 세상에 종지부를 찍고 예수 그리스도께서 직접 다스리는 세상으로 전환되는 대 사건입니다. 이런 인류 역사상 초유의 사건이 가까웠는데 하나님께서 그때를 모르게 하겠습니까? 정확한 날과 시간은 모르지만 휴거가 환난 전에 있을지 중간에 있을지 후에 있을지 조차도 모르게 하겠습니까?

지금부터 성경이 보여주는 휴거와 환난의 때에 대하여 나누겠습니다. 휴거와 마지막 대환난에 관하여는 요한계시록이 매우 구체적으로 보여주고 있습니다. 그러나 요한계시록이 직접적으로 휴거와 환난이 시작되는 날이 언제 인지 서술하지는 않습니다. 그럼에도 불구하고 요한계시록을 깊이 묵상하고 주님께서 말씀하시는 마지막 때의 징조들과 연결하여 보면 요한계시록의 어디에서 휴거와 환난이 시작되는지를 알 수 있습니다. 마태복음 24장 31절을 보겠습니다.

"그가 큰 나팔소리와 함께 천사들을 보내리니 그들이 그의 택하신 자들을 하늘 이 끝에서 저 끝까지 사방에서 모으리라"(마 24:31).

이 구절은 주님이 오셔서 그의 거룩한 신부들을 하늘 사방에서 모아 천국으로 데려가는 것을 보여줍니다. 즉 이 구절은 휴거를 묘사하는 것입니다. 그러나 일부 사람들은 이 구절을 주님이 지상으로 내려오는 것으로 이해를 하는데 그것은 바른 이해가 아닙니다. 도로 내려오실 것인데 공중에서 사람들을 모을 이유가 없습니다. 이것은 휴거의 장면입니다. 다음은 마태복음 24장 29절과 30절을 보겠습니다.

"그날 환난 후에 즉시 해가 어두워지며 달이 빛을 내지 아니하며 별들이 하늘에서 떨어지며 하늘의 권능들이 흔들리리라" "그때에 인자의 징조가 하늘에서 보이겠고 그때에 땅의 모든 족속들이 통곡하며 그들이 인자가 구름을 타고 능력과 큰 영광으로 오는 것을 보리라"
(마 24:29-30).

이 구절은 주님이 오실 때의 징조와 사람들의 반응에 대하여 말씀하고 있습니다. 그리스도께서 거룩한 교회를 데리러 오실 때 해와 달이 어두워지고 별들이 하늘에서 떨어진다고 합니다. 또한 주님이 오실 때 모든 사람들이 주님의 영광을 보며 통곡한다고 합니다. 이 구절도 주님의 지상 재림이 아닌 휴거라는 것을 보여줍니다. 왜냐하면 모든 족속이 운다는 표현 때문입니다. 주님이 지상에 오시면 사람들이 기뻐하지 왜 통곡을 하겠습니까? 여기서 통곡은 슬퍼서 우는 것입니다. 이들이 통곡하는 이유는 휴거가 일어났는데 땅에 남겨졌기 때문입니다.

이상으로 살펴본 것처럼 마태복음 24장 29절에서 31절까지의 말씀은 휴거의 장면을 매우 사실적으로 표현한 것입니다. 한가지 유의할 것은 24장 29절 첫 부분에 그날 환난 후에 라는 표현입니다. 여기서 말하는 환난은 7년 대환난을 의미하는 것이 아닙니다. 7년 대환난 전에도 세상은 상당한 어려운 일들이 발생할 것인데 그러한 환난을 뜻하는 것입니다. 이 구절의 표현을 이유로 환난 후에 휴거가 일어난다고 해석하는 것은 옳지 않습니다. 따라서 지금 살펴본 마태복음 24장 29절에서 31절까지의 말씀은 주님께서 휴거에 대하여 설명한 것으로 이해하여야 합니다.

이러한 이해를 바탕으로 요한계시록을 잘 묵상하면 요한계시록 6장 12절, 13절 말씀이 마태복음 24장 29절에서 31절 말씀과 서로 상응하는 것을 쉽게 알 수 있습니다. 요한계시록 6장 12절, 13절을 보겠습니다.

"내가 보니 여섯째 인을 떼실 때에 큰 지진이 나며 해가 검은 털로 짠 상복 같이 검어 지고 달은 온통 피 같이 되며" "하늘의 별들이 무화과

나무가 대풍에 흔들려 설익은 열매가 떨어지는 것 같이 땅에 떨어지
며"(계 6:12-13).

이 구절의 해와 달이 어두워지고 별들이 땅으로 떨어진다는
표현이 마태복음 24장 29절 말씀과 일치합니다. 요한계시록은
이 구절에서 휴거가 일어난 것입니다. 더 정확하게 말씀하면 계
시록의 6장 11절과 12절 사이에서 휴거가 일어난 것입니다. 세상
의 빛인 교회가 휴거 되니 세상이 어두워지는 것입니다. 또한 휴
거 후에는 즉시 환난이 시작되므로 환난의 징조로서 날이 어두
워지는 것입니다.
　　마태복음 24장 29절에서 31절이 휴거라는 사실을 먼저 깨닫
고 요한계시록을 묵상하면 누구든지 휴거가 계시록의 어디에 있
는지를 쉽게 알 수 있으며 휴거 후에 즉시 세상이 환난으로 들
어간다는 사실도 알 수 있는 것입니다. 마태복음 24장 30절은
온 인류가 주님이 오시어 교회를 데려가는 것을 목격하는 것을
보여줍니다.

"그때에 인자의 징조가 하늘에서 보이겠고 그때에 땅의 모든 족속들
이 통곡하며 그들이 인자가 구름을 타고 능력과 큰 영광으로 오는 것
을 보리라"(마 24:30).

모든 족속들 즉 전 인류가 주님이 오는 것을 본다고 합니다.

같은 의미의 내용이 계시록 6장 15절, 16절에도 기록되어 있습니다.

"땅의 임금들과 왕족들과 장군들과 부자들과 강한 자들과 모든 종과 자유인이 굴과 산들의 바위 틈에 숨어" "산들과 바위에게 말하되 우리 위에 떨어져 보좌에 앉으신 이의 얼굴에서와 그 어린 양의 진노에서 우리를 가리라"(계 6:15-16).

이 구절은 환난이 시작된 후 모든 부류의 사람들이 하나님과 어린 양의 진노에서 가려 달라고 애원하는 장면입니다. 즉 이 구절도 지구 상의 모든 사람이 하나님의 어린 양 그리스도께서 교회를 데려간 사실과 그 후에 심판을 한다는 사실을 알게 되는 것을 보여줍니다. 즉 휴거의 때에 하나님의 비밀인 예수 그리스도께서 온 인류에게 드러나게 되는 것입니다. 다음은 계시록 6장 17절을 보겠습니다.

"그들의 진노의 큰 날이 이르렀으니 누가 능히 서리요 하더라"(계 6:17).

이 짧은 구절이 환난이 여섯째 인을 떼는 계시록 6장 12절에서 시작된다는 것을 분명하게 말합니다. 첫째 인에서 다섯째 인을 떼기까지는 하나님의 진노가 시작되었다는 표현이 없습니다.

즉 첫째 인에서 다섯째 인까지는 대환난의 기간에 들어가지 않는 것입니다. 이것도 매우 중요한 포인트입니다. 왜냐하면 많은 사람들이 환난이 첫째 인에서부터 시작하는 것으로 잘못 이해하기 때문입니다. 이 부분을 잘못 이해하면 환난 기간에 대한 분석을 바르게 하기 어렵습니다.

이상으로 살펴본 것처럼 마태복음 24장 29절에서 31절까지의 예언과 요한계시록 6장 12절에서 17절까지의 예언의 말씀이 일치하는 것을 이해하므로 네 가지 중요한 점을 깨달을 수 있습니다. 첫째, 휴거가 환난 전에 일어난다는 사실이며 둘째, 휴거 후에 즉시 세상이 대환난으로 들어간다는 사실이며 셋째, 휴거의 때에 온 인류가 그리스도가 구원주이고 심판주인 사실을 알게 된다는 것이며 넷째, 휴거 되지 못하고 남겨진 사람들은 앞으로 겪을 환난을 생각하며 애통해 한다는 것입니다.

주님 오실 때 남겨진 자들이 통곡하는 것은 요한계시록 1장 7절에도 보여집니다.

"볼지어다 그가 구름을 타고 오시리라 각 사람의 눈이 그를 보겠고 그를 찌른 자들도 볼 것이요 땅에 있는 모든 족속이 그로 말미암아 애곡하리니 그러하리라 아멘" (계 1:7).

마태복음 24장의 예언이 요한계시록에서 반복되는 것입니다. 놀라운 하나님의 계시가 이처럼 성경으로 성경을 해석할 때 열리는 것입니다. 사람의 이론으로 풀면 하나님의 비밀은 알 수 없습니다. 오히려 더 감추어 집니다. 이러한 계시를 알게 하는 분은 성령입니다. 또한 계시를 모르게 가리는 분도 성령입니다. 휴거의 때에 대한 설들이 난무하는 이유는 가려서 모르도록 버려 둔 자들이 억지로 풀기 때문인 것입니다.

환난 전에 휴거가 일어나는 것을 증거하는 성경의 말씀들이 있습니다. 이러한 말씀들을 찾아보기 전에 환난 전에 거룩한 교회들이 휴거 되는 사실에 대한 논리적인 설명을 드리겠습니다. 계시록을 읽어 보면 7년 대환난의 내용은 매우 처참합니다. 이 심판은 죽이는 것이고 파괴하는 것이며 육체적인 고통을 주는 것입니다. 믿음을 키우기 위한 시험이나 훈련의 종류가 아닙니다. 이 환난은 심판을 위한 심판입니다. 그러므로 심판 중에 긍휼도 없습니다.

이러한 심판 가운데 더 연단 받아야 할 필요가 없는 거룩한 성도들이 왜 땅에 남겨져야 하는 것이겠습니까? 이 사람들은 이미 연단을 받았고 회개하였고 거듭났고 의로워졌고 거룩해진 자들입니다. 이들의 예복에는 흠도 점도 주름도 없으며 빛난 세마포입니다. 이들은 이미 불순물을 다 뽑아낸 정금입니다. 더 정제할 필요가 없습니다. 이들은 이미 삶 가운데 십자가를 지고 주를 따랐던 사람들입니다. 그리스도의 남은 고난을 자신의 육체에 채운 사람들입니다. 자신을 부인하였고 절제하였고 재물을 사랑하지 않았습니다. 기도와 말씀과 전도에 힘을 쏟았던 사람들입니다. 이러한 성도들이 왜 지옥으로 변해버린 지구에 남겨져 있어야 하겠습니까? 그 곳에서 무엇을 하라는 것입니까?

노아가 홍수 가운데 빠졌다가 수영해서 구원받았습니까? 롯이 유황불이 떨어지는 현장에서 화상 입고 구원받았습니까? 하나님은 심판을 하기 직전에 이들을 그 현장에서 피하도록 인도하였습니다. 방주 안으로 피하였고 소알로 피하였습니다. 애굽 땅에 어둠과 사망의 재앙이 내릴 때 이스라엘 사람들은 빛과 생명의 땅인 고센에 떨어져 있었습니다. 재앙의 현장에 없었습니다. 홍해를 건널 때 이스라엘이 모두 건널 수 있게 하고 바닷물이 덮쳤습니다. 이처럼 논리적으로나 성경의 심판의 예들을 보아도 휴거는 환난 전에 일어난다는 것을 이해할 수 있는 것입니다.

요한계시록 3장 10절을 보겠습니다.

"네가 나의 인내의 말씀을 지켰은즉 내가 또한 너를 지켜 시험의 때를 면하게 하리니 이는 장차 온 세상에 임하여 땅에 거하는 자들을 시험할 때라"(계 3:10).

이 구절은 빌라델비아 교회에 주신 말씀입니다. 빌라델비아 교회는 휴거 되는 교회의 상징입니다. 이 교회는 일곱 중 가장 칭찬을 많이 받은 교회이며 회개하라는 책망을 듣지 않은 두 교회 중의 하나입니다. 이 교회는 온 세상에 임하는 시험이 있을 때 시험의 때를 면하게 하신다고 합니다. 즉 환난이 올 때에 이러한 교회는 하늘 나라에 들어가고 그 자리에 없는 것입니다.

환난 후에 휴거가 있다고 말하는 사람들은 이 구절을 성도들이 환난의 현장에서 구원받는다고 해석하기도 합니다. 그러나 문장을 잘 보면 환난의 때를 면하게 한다고 표현하고 있습니다. 이 표현은 환난의 장소에 없는 것으로 해석하는 것이 적절합니다.

환난의 현장에서 믿는 자들이 구원받는다고 말하는 것은 지진으로 아파트가 무너져 완전히 부서졌는데 믿음 없는 가족 여섯은 모두 죽고 믿음 좋은 한 사람은 살아 남게 된다고 해석하는 것과 같습니다. 핵 폭탄이 떨어졌는데 믿음 없는 40만 명은 죽고 믿음 좋은 30명만 골라서 살아 남게 한다고 해석하는 것과 같은 것입니다.

물론 이러한 일이 하나님께 불가능한 것은 아닙니다. 그러나 이렇게 하는 것이 하나님의 구원의 방법이 아니라는 것은 롯의 경우를 보아도 알 수 있습니다. 창세기 19장 22절을 보면 하나님께서는 롯이 도망하기 전에는 심판할 수 없다고 하였습니다. 롯을 안전한 곳으로 도피시키고 심판하였습니다. 그러므로 계시록 3장 10절의 환난의 때를 면하게 한다는 것은 환난 전에 교회가 휴거 된다는 것을 반영하는 말씀입니다.

고린도전서 10장 13절은 사람이 감당할 시험밖에는 당하지 않는다고 하였습니다. 마지막 대환난은 사람이 감당할 수 없는 시험입니다. 데살로니가전서 1장 10절은 강림하실 예수께서 성도들을 장래의 노하심에서 건진다고 합니다. 누가복음 21장 35절, 36절은 모든 지구상에 임할 환난을 피하고 인자 앞에 서도록 기도하며 깨어 있으라고 합니다.

즉 기도하며 깨어 있는 사람은 하나님의 진노를 피하여 온 세상에 임하는 대환난 전에 휴거 된다는 것입니다. 이상으로 살펴본 대로 환난 전에 휴거가 있을 것을 의미하는 성경 구절들이 많이 있습니다. 심지어는 구약의 예언서에도 환난 전에 휴거가 있을 것을 계시하는 말씀이 있습니다. 이사야 26장 19절에서 21절까지를 보겠습니다.

"주의 죽은 자들은 살아나고 그들의 시체들은 일어나리이다 티끌에 누운 자들아 너희는 깨어 노래하라 주의 이슬은 빛난 이슬이니 땅이 죽은 자들을 내놓으리로다" "내 백성아 갈지어다 네 밀실에 들어가서 네 문을 닫고 분노가 지나기까지 잠깐 숨을지어다" "보라 여호와께서 그의 처소에서 나오사 땅의 거민의 죄악을 벌하실 것이라 땅이 그 위에 잦았던 피를 드러내고 그 살해당한 자를 다시는 덮지 아니하리라" (사 26:19-21).

이 구절은 하나님께서 땅을 심판할 동안 주 안에서 죽은 자들을 부활시키고 하나님의 백성을 밀실 안에 숨긴다고 합니다. 이 말씀이 바로 환난 전 휴거를 예언하는 것입니다. 심판하는 동안 성도들을 휴거 시켜 하늘 나라의 안전한 밀실에 들어가 있게 하

휴거 되는 성도들

는 것입니다.

이사야는 2천7백 년 전에 마지막 때에 주님이 오셔서 성도들을 데려가는 휴거의 장면을 이미 본 것이며 예언을 한 것입니다. 예언의 말씀을 시처럼 노래하고 있습니다. 환난 전에 주님의 거룩한 교회들이 들림 받아 보호받는다는 것은 참으로 아름다운 일입니다. 그래서인지 이 구절은 아름답게 시적으로 표현되어 있습니다. 천천히 음미하며 읽어 보기 바랍니다.

그렇다면 환난 전에 휴거가 있다는 것을 깨닫는 것이 어떤 의미가 있겠습니까? 반대로 환난 전에 휴거가 없고 환난 중이나 환난 후에 휴거가 있을 것이라고 믿고 이해하는 것은 어떤 의미가 있는 것이겠습니까? 어떤 사람들은 이러한 서로 다른 믿음이 별 문제가 아닌 것으로 생각합니다. 서로 다른 의견을 존중해야 한다고도 말합니다. 그때 가서 보자고 말하기도 합니다. 그러나 환난의 때를 기준으로 한 휴거의 시점을 바르게 이해하지 못하는 것은 매우 심각한 문제입니다. 왜냐하면 주님 오실 때를 준비하는데 영향을 주기 때문입니다.

간단한 논리적인 설명을 하겠습니다. 환난 후에 휴거가 일어난다는 믿음을 가진 사람들도 세상이 아직 7년 대환난으로 들어가지 않은 것을 인정합니다. 왜냐하면 대환난은 온 지구가 계시록의 말씀대로 재앙을 겪는 것인데 아직 그러한 상황이 아닌 것을 이해하기 때문입니다. 그렇다면 이 사람들은 주님이 최소한 앞으로 7년 이내에는 오시지 않을 것이라고 믿을 것이 아니겠습니까? 이러한 논리가 성경적이지 아니라는 것을 대번에 알 수 있습니다. 주님은 언제라도 올 수 있다는 것이 바른 성경의 이해입니다. 주님은 이 설교를 듣는 중에도 올 수 있습니다. 이 것이 성경이 가르치는 것입니다. 환난 후에 휴거가 일어난다는 가르침은 이처럼 간단한 논리만 적용하여도 그 허구가 금방 드러납니다.

이것은 단순히 의견 차이의 문제가 아닙니다. 마지막 때의 심각한 미혹입니다. 언제라도 오실 주님을 7년 동안은 안 온다고 믿는 것이 얼마나 잘못된 믿음입니까? 이러한 사람들은 주님 오실 때를 긴박하게 준비할 수 없습니다. 중요한 시험을 보는 날이 7년 남았다고 생각하는 사람과 1년 남았다고 여기는 사람과 언제라도 즉 내일이라도 시험을 볼지 모른다고 믿는 사람의 공부 자세는 틀릴 수밖에 없습니다. 내일 치르게 될지 모를 휴거의 시험을 수 년 후에 있다고 생각하는 것은 시험을 망치게 할 위험이 있는 것입니다. 혹시 여러분 중에 휴거의 때를 잘못 배우고 이해한 사람들이 있다면 그 잘못된 믿음에서 돌이키십시오. 휴거의 때를 잘못 이해하면 성경의 다른 중요한 예언을 바르게 해석하지 못합니다. 마치 첫 단추를 잘못 끼운 것같이 잘못된 성경 해석이 도미노 현상을 일으키게 됩니다.

지금까지는 환난 전에 휴거가 있다는 것과 그럴 수밖에 없는 성경적이고 논리적인 근거들에 대하여 나누어 보았습니다. 아울러 휴거의 시점을 잘 이해하는 것이 구원과 관련하여 매우 중요한 일이라는 것과 환난 중이나 환난 후에 휴거가 일어난다는 잘못된 가르침은 미혹이니 멀리하라는 당부를 하였습니다.

이제부터는 마지막 환난 중에 또 다른 휴거가 있는지에 대하여 함께 상고를 해보겠습니다. 요한계시록을 잘 묵상하면 환난 전의 휴거 외에 또 다른 휴거가 있음을 발견할 수 있습니다. 요한계시록 14장 1절에서 5절까지를 보겠습니다.

"또 내가 보니 보라 어린 양이 시온 산에 섰고 그와 함께 십사만 사천이 서 있는데 그들의 이마에는 어린 양의 이름과 그 아버지의 이름을 쓴 것이 있더라" "내가 하늘에서 나는 소리를 들으니 많은 물 소리와도 같고 큰 우렛소리와도 같은데 내가 들은 소리는 거문고 타는 자들이 그 거문고를 타는 것 같더라" "그들이 보좌 앞과 네 생물과 장로들 앞에서 새 노래를 부르니 땅에서 속량함을 받은 십사만 사천 밖에는 능히 이 노래를 배울 자가 없더라" "이 사람들은 여자와 더불어 더럽히지 아니하고 순결한 자라 어린 양이 어디로 인도하든지 따라가는 자며 사람 가운데에서 속량함을 받아 처음 익은 열매로 하나님과 어린 양에게 속한 자들이니" "그 입에 거짓말이 없고 흠이 없는 자들이더라" (계 14:1-5).

이 구절은 십사만 사천이 하나님의 보좌 앞에서 그들만 아는 새 찬양을 하는 장면입니다. 이 십사만 사천은 하나님의 찬양대입니다. 이들은 천국의 보좌 앞에서 노래를 부르는 사람들입니다. 그리고 이 사람들은 구원의 첫 열매로서 매우 거룩한 자들입니다. 이 사람들이 어디에 있다가 계시록 14장에 나타난 것입니까?

이들은 요한계시록 7장의 인침을 받은 십사만 사천과 동일한 사람들입니다. 그러므로 그 숫자도 십사만 사천으로 같습니다. 또한 이들은 환난 직후 처음으로 인침을 받은 자들이므로 처음 익은 열매로 표현을 하는 것입니다. 이들은 휴거가 일어나고 환난이 시작되자 마자 성령으로 인침을 받은 자들입니다. 이들은 이스라엘의 열 두 지파들입니다. 이 사람들은 3년 반 동안 이스라엘 땅 안에서 보호받으며 복음을 전하는 순결한 청년들입니다. 이 사람들이 3년 반의 환난 기간이 지난 시점에 천국에서 찬양을 하고 있는 것입니다.

이들이 천국에서 찬양하는 계시록 14장은 두 증인의 3년 반 사역이 끝나고 짐승의 핍박이 시작되는 때입니다. 다시 설명하면 십사만 사천은 3년 반 사역을 마친 후 천국으로 올라간 것입니다. 이들은 살아서 휴거 된 것입니다. 죽은 후 영혼이 올라간 것이 아닙니다. 왜냐하면 이들은 이스라엘 열 두 지파로서 3년 반 동안 이스라엘 땅에서 보호받았기 때문입니다.

이들은 아마도 두 증인이 부활하여 승천할 때 함께 올라갈지도 모릅니다. 정확한 날짜는 알 수 없어도 짐승의 핍박이 본격적으로 시작되기 전의 어느 시점에 휴거 되는 것입니다. 그러므로 계시록 14장에 등장하는 것입니다. 이것이 또 다른 한 번의 휴거

휴거 되는 성도들

입니다. 이 비밀은 요한계시록이 발생 순서대로 기록되었다는 지식이 없으면 풀어지지 않습니다. 또한 요한계시록 12장이 이스라엘이 3년 반 환난기간 동안 보호받는 것을 비유로 설명하고 있다는 것을 깨닫지 못하여도 바르게 이해할 수 없습니다.

또 다른 한 번의 휴거에 대하여 살펴보겠습니다. 요한계시록 20장 4절을 보겠습니다.

"또 내가 보좌들을 보니 거기에 앉은 자들이 있어 심판하는 권세를 받았더라 또 내가 보니 예수를 증언함과 하나님의 말씀 때문에 목 베임을 당한 자들의 영혼들과 또 짐승과 그의 우상에게 경배하지 아니하고 그들의 이마와 손에 그의 표를 받지 아니한 자들이 살아서 그리스도와 더불어 천 년 동안 왕 노릇 하니"(계 20:4).

이 구절은 그리스도께서 재림하여 적그리스도를 죽인 후 천년왕국을 시작하는 장면인데 천년왕국에서 왕 노릇하는 사람들에 대하여 살펴보겠습니다. 이 중에는 짐승의 표를 받지 않거나 짐승에게 경배하지 않음으로 순교를 당한 사람들이 포함됩니다. 그런데 이들이 살아서 왕 노릇을 한다고 합니다. 여기서 살아서라는 표현은 죽었다가 살아났다는 의미입니다.

즉 이들도 부활하는 것인데 그때가 언제이겠습니까? 어떤 사람들은 주님이 땅에 재림하는 순간에 부활한다고 말합니다. 그러나 그렇게 해석할 경우에는 문제가 있습니다. 왜냐하면 신랑인 그리스도와 혼인식을 하지 않은 것이기 때문입니다. 환난 중에 순교한 사람들이 혼인식을 하기 위해서는 주님 재림 전에 휴거되어야 합니다. 그러므로 또 한 번의 휴거가 있는 것이며 휴거는 혼인식이 치러지는 19장 7절 전의 언제인가 이루어져야 하는 것입니다. 정확한 날은 알 수 없지만 그때는 아마 7년 대환난이 거의 끝나는 무렵일 것입니다.

여기에는 또 다른 하나의 중요한 포인트가 있습니다. 그것은 주님께서 첫 휴거 후에 즉시 혼인식을 하지 않고 기다린다는 것입니다. 사람들은 보통 휴거 후에 어린 양의 혼인식이 즉시 치러지는 것으로 막연히 이해를 합니다. 그러나 이것은 주님의 성품을 바르게 이해하지 못하는 것입니다. 주님은 환난 중에 믿음을 지켜 순교한 마지막 한 사람의 신부까지도 기다립니다. 그들을 모두 부활시키고 휴거 시켜 함께 혼인식을 거행하려는 것입니다. 그러므로 혼인식이 계시록 6장이나 7장에 없고 19장에 있는 것입니다. 이것은 주님의 성품을 반영하는 것입니다. 신랑인 주님의 신부에 대한 사랑을 보여주는 것입니다.

이상으로 살펴본 것처럼 요한계시록에는 휴거가 세 번이나 숨겨져 있습니다. 그러니 환난의 때에 대한 설들은 그 내용 상으로도 틀리다는 것이 증명되었습니다. 어떤 사람들은 요한 계시록을 통하여 한 번의 휴거도 찾아내지 못합니다. 그러나 어떤 사람에게는 세 번이나 휴거가 계시됩니다. 이러한 계시를 열어 주는 분은 성령입니다.

휴거는 인류 구원의 결정판이며 어린 양의 혼인식은 천국 역사의 가장 위대한 축제입니다. 천국은 이 축제를 위하여 6천 년을 준비하였습니다. 아버지는 아들의 결혼식을 참으로 오래 기다렸습니다. 모든 준비가 끝났습니다. 아버지도 준비되었고 신랑도 준비되었습니다. 반지도 구하였고 예식장도 있습니다. 포도주도 이미 담아 놓았습니다. 이제 신부만 오면 됩니다. 신부가 될 교회가 예복만 준비하면 됩니다.

신부의 예복은 흠도 점도 티도 때도 구김도 주름도 구멍도 찢김도 없는 빛난 세마포여야 합니다. 어린 양의 신부가 입을 예복은 의로움과 옳은 행실의 예복, 회개와 거룩함의 세마포여야 합니다. 그 날에 거룩한 신부가 되어 주님의 나팔 소리와 함께 신부 입장의 큰 호령 소리를 듣게 되기를 지금 오고 계신 메시아 우리 주 그리스도 예수의 이름으로 축복합니다.

"첫째 달 열나흗날 저녁은 여호와의 유월절이요" "이 달 열닷샛날은 여호와의 무교절이니 이레 동안 너희는 무교병을 먹을 것이요" "그 첫 날에는 너희가 성회로 모이고 아무 노동도 하지 말지며" "너희는 이레 동안 여호와께 화제를 드릴 것이요 일곱째 날에도 성회로 모이고 아무 노동도 하지 말지니라"

레위기 23:5-8

"이스라엘 자손에게 말하여 이르라 일곱째 달 열닷샛날은 초막절이니 여호와를 위하여 이레 동안 지킬 것이라" "첫 날에는 성회로 모일지니 너희는 아무 노동도 하지 말지며" "이레 동안에 너희는 여호와께 화제를 드릴 것이요 여덟째 날에도 너희는 성회로 모여서 여호와께 화제를 드릴지니 이는 거룩한 대회라 너희는 어떤 노동도 하지 말지니라"

레위기 23:34-36

2
육 개월의 비밀

예수 그리스도께서는 3년 6개월 동안 사역하였습니다. 마지막 때의 두 증인도 3년 6개월 동안 사역합니다. 3은 성경적으로 생명의 숫자이고 하늘의 숫자입니다. 4는 세상의 수이고 사망의 수, 고난의 수입니다. 그리하여 성경은 그 의미에 맞게 숫자 3과 4를 사용합니다. 이러한 숫자 3과 4의 의미를 적용하면 예수 그리스도와 두 증인의 사역 기간은 3년 반이기 보다는 3년이던가 4년이 되어야 한다는 생각을 하게 됩니다. 그러나 주님도 두 증인도 모두 3년 6개월 동안 사역합니다.

엘리사벳은 세례 요한을 잉태한지 6개월 되었을 때 주님을 막 잉태한 마리아를 만납니다. 그리하여 뱃속에 있는 태아가 주를 알아보고 기뻐합니다. 성경에 엘리사벳이 세례 요한을 임신한 기간 6개월을 적어 놓은 이유가 있습니다. 그것은 세례 요한이 예수님보다 6개월 먼저 태어난 것을 암시하기 위한 것입니다.

마지막 때의 대환난 기간을 보통 7년이라고 말합니다. 그러나 요한계시록을 잘 탐구하면 대환난 기간이 7년이 아니라 7년 6개월이라는 것을 알 수 있습니다. 대환난 기간은 휴거가 일어난 후 주님께서 재림할 때까지의 기간입니다. 이 기간이 7년 6개월입니다.

이상으로 살펴본 것처럼 성경은 6개월을 의도적으로 사용합니다. 이것은 우연이 아닙니다. 엘리사벳이 세례 요한을 임신한 기간 6개월이 무엇이 그리 중요하여 성경에 언급되었겠습니까? 왜 예수 그리스도와 두 증인의 사역 기간이 3년이나 4년이 아니고 3년 6개월이겠습니까? 대환난이 완벽의 수 7년이 아니고 7년 6개월이겠습니까?

하나님께서는 일곱 가지의 절기를 정하여 지키게 하였습니다. 이 일곱 가지 절기는 모두 인간의 구원과 관련된 의미를 갖습니다. 그 중에서도 유월절과 초막절은 각각 구원의 시작과 구원의 완성을 의미하는 절기입니다. 즉 절기들 중에서 가장 중요한 두 절기가 유월절과 초막절입니다. 그러므로 이 두 절기는 다른 절기들이 하루만 지키는 것과 다르게 절기의 기간이 7일입니다. 유월절은 첫째 달 15일부터 7일간이고 초막절은 일곱째 달 15일부터 7일간입니다. 여기서 말씀드리려는 것은 절기의 의미에 관한 것은 아닙니다. 여기서 주목하려는 것은 두 절기 사이의 기간에 관한 것입니다.

유월절에서 초막절까지의 기간은 6개월입니다. 유월절이 첫째 달 15일에 시작하고 초막절이 일곱째 달 15일에 시작하므로 유월절에서 초막절까지의 기간은 6개월이 되는 것입니다. 반대로 초막절에서 다음 유월절 까지의 기간도 6개월입니다. 여기에 6개월의 비밀이 숨어 있습니다. 하나님께서 6개월의 기간을 사용하는 이유는 인간의 구원과 관련이 있습니다.

인간을 창조한 하나님께서 집중하는 것은 인간의 구원입니다. 그러므로 구원과 관련된 절기를 만들어 지키라고 명하는 것이며 그 중에서도 유월절과 초막절의 절기에 특별히 구원의 큰 일들을 행하는 것입니다. 유월절에는 구원의 시작을 의미하는 일이 초막절에는 구원의 완성을 상징하는 일들이 발생하도록 섭리합니다. 그런데 이 두 절기의 간격이 6개월입니다.

예수 그리스도께서 죽으신 때와 사역을 시작하신 때와 태어나신 때에 대하여 고찰해보겠습니다. 예수께서 죽으신 때는 유월절이었습니다. 하나님의 어린 양 예수는 3천5백 년 전 출애굽 때 문설주에 피를 바르기 위하여 죽은 어린 양의 실물입니다. 그리스도께서 십자가에서 흘린 피에 구원의 능력이 있음을 그 모형으로 하여 어린 양의 피를 문설주에 바르게 한 것입니다. 그 어린 양의 피로 이스라엘이 구원을 받은 날이 유월절이었습니다. 그러므로 예수께서도 같은 날인 유월절에 죽으신 것입니다.

그러나 예수께서 죽으심으로 자신의 사역은 완성하였지만 인간의 구원이 완성된 것은 아닙니다. 주님께서 인간의 죄를 대속하였음에도 인간은 죄를 멀리하고 회개하여야 구원을 받습니다.

그러므로 구원의 완성을 상징하는 초막절에 죽으신 것이 아니라 구원의 시작을 의미하는 유월절에 죽으신 것입니다.

다음은 주님이 사역을 시작한 때에 대하여 상고해 보겠습니다. 성경은 주님의 사역 기간이 3년 반이라는 것을 명확하게 언급하지는 않습니다. 그러나 주님의 사역 기간은 3년 반이었다고 말하는데 이견은 거의 없습니다. 마지막 환난 기간 중의 두 증인의 사역은 주님의 사역 기간이 3년 반이었을 것으로 추정할 수 있는 근거를 제공합니다.

두 증인은 3년 반 동안 사역한 후 죽임을 당하고 사흘 반 만에 부활하였다가 승천합니다. 예수 그리스도의 죽음과 부활과 승천을 그대로 닮았습니다. 이러한 유사성을 근거로 예수께서도 3년 반 동안 사역하셨을 것이라고 미루어 짐작해 볼 수 있습니다. 누가복음 13장 7절을 보면 예수께서 3년에서 4년 동안 사역했을 힌트가 있습니다.

"포도원지기에게 이르되 내가 삼 년을 와서 이 무화과나무에서 열매를 구하되 얻지 못하니 찍어버리라 어찌 땅만 버리게 하겠느냐"(눅 13:7).

3년 동안 이스라엘 사람들에게 설교를 하여도 믿지 않고 변하지 않는 것을 무화과나무가 열매 맺지 않는 것으로 비유하여 말씀한 것입니다. 즉 주님께서 3년 이상 4년 이하의 사역을 한 것입니다. 그러나 무엇보다도 예수께서 3년 6개월 동안 사역한 것을 증거하는 것은 바로 절기가 내포하고 있는 의미입니다. 주님께서 3년 6개월 사역한 것을 가정하면 죽으신 때가 유월절이므로 주님께서는 초막절에 사역을 시작한 것입니다.

그리스도의 사역은 인간의 구원을 완성하기 위한 것이었습니다. 그러므로 구원의 완성을 의미하는 초막절에 사역을 시작한 것입니다. 이것이 그리스도께서 3년이나 4년을 사역하지 않고 3년 6개월 사역한 이유입니다. 하나님께서 구원의 두 절기를 주님께 적용한 것입니다. 그리하여 주님은 초막절에 사역을 시작하고 유월절에 죽으신 것입니다.

그렇다면 예수께서 탄생한 때는 언제 이겠습니까? 성경에는 예수님 탄생의 날에 대한 기록이 없습니다. 그러나 30세 즈음에 사역을 시작하였다는 기록이 있으며 이 기록으로 탄생한 때를 추정할 수 있습니다. 누가복음 3장 23절을 보겠습니다.

"예수께서 가르치심을 시작하실 때에 삼십 세쯤 되시니라 사람들이 아는 대로는 요셉의 아들이니 요셉의 위는 헬리요" (눅 3:23).

예수께서 30세에 사역을 시작한 이유는 30세가 되어야 랍비가 될 수 있는 유대인의 전통을 따른 것입니다. 이 전통은 민수기 4장에 언급된 30세부터 50세까지 회막에서 복무하고 봉사한다는 말씀에 근거를 둔 것입니다. 예수께서는 이 전통을 지킨 것입니다. 그러므로 만 30세 이전에 가르침을 시작하지 않았을 것입니다. 또한 만 30세가 지난 수 개월 후에 사역을 시작하지 않았을 것입니다. 왜냐하면 구원의 사역은 급한 일이기 때문입니다. 그러므로 예수께서는 만 30세가 되는 정확한 때에 사역을 시작하였을 것으로 쉽게 추정할 수 있습니다. 이렇게 하는 것이 절기와도 맞아 들어가는 것입니다.

예수께서 만 30세에 사역을 시작하였고 그 날이 초막절이면 예수께서 탄생한 때도 초막절이 되는 것입니다. 예수님은 12월 25일에 태어나지 않았습니다. 많은 메시아닉 쥬들이 말하는 유월절에 태어나지도 않았습니다. 예수님은 구원을 완성하러 오셨으므로 구원의 완성의 절기인 초막절에 태어나야 하는 것입니다. 예수 그리스도의 탄생한 때에 대한 비밀이 유월절과 초막절에 대하여 이해를 함으로서 풀어진 것입니다.

다음은 세례 요한이 태어난 때와 사역을 시작한 때에 대하여 살펴보겠습니다. 서두에 언급한 것처럼 세례 요한은 주님보다 6개월 먼저 태어났습니다. 누가복음 1장 36절에서 43절까지를 보겠습니다.

"보라 네 친족 엘리사벳도 늙어서 아들을 배었느니라 본래 임신하지 못한다고 알려진 이가 이미 여섯 달이 되었나니" "대저 하나님의 모든 말씀은 능하지 못하심이 없느니라" "마리아가 이르되 주의 여종이오니 말씀대로 내게 이루어지이다 하매 천사가 떠나가니라" "이 때에 마리아가 일어나 빨리 산골로 가서 유대 한 동네에 이르러" "사가랴의 집에 들어가 엘리사벳에게 문안하니" "엘리사벳이 마리아가 문안함을 들으매 아이가 복중에서 뛰노는지라 엘리사벳이 성령의 충만함을 받아" "큰 소리로 불러 이르되 여자 중에 네가 복이 있으며 네 태중의 아이도 복이 있도다" "내 주의 어머니가 내게 나아오니 이 어찌 된 일인가"(눅 1:36-43).

이 구절은 엘리사벳이 임신 6개월 되던 때에 마리아가 예수님을 잉태한 것을 보여줍니다. 즉 세례 요한은 주님보다 6개월 먼저 잉태되었으므로 탄생도 주님보다 6개월 빨랐을 것입니다. 그리고 세례 요한도 전통을 따라 만 30세에 사역을 시작하였을 것입니다. 세례 요한은 주님이 오시는 길을 평탄하게 하는 사명을 받은 자입니다. 그러므로 당연히 주님보다 먼저 사역을 시작해야 합니다. 그러므로 주님보다 6개월 먼저 태어나게 섭리한 것입니다.

주님께서 초막절에 태어났으므로 6개월 먼저 태어난 세례 요한은 유월절에 태어난 것입니다. 주님께서 초막절에 사역을 시작하였으므로 6개월 먼저 사역을 시작했을 세례 요한은 유월절에 사역을 시작하였을 것입니다. 세례 요한은 구원을 완성하러 오지 않았습니다. 그리스도의 길을 준비하러 온 자입니다. 세례 요한은 사역을 시작하자 마자 요단강에서 많은 사람들에게 세례를 베풀었습니다. 마태복음 3장 5절, 6절을 보겠습니다.

"이 때에 예루살렘과 온 유대와 요단 강 사방에서 다 그에게 나아와"
"자기들의 죄를 자복하고 요단 강에서 그에게 세례를 받더니" (마
3:5-6).

이 구절은 사람들이 세례 요한에게 와서 세례를 받는 모습을
보여주고 있습니다. 예루살렘과 온 유대와 요단강 사방의 모든
사람들이 세례를 받았으니 엄청난 부흥이 있었던 것입니다. 주님
이 사역을 시작하기 전까지 6개월 만에 이룬 부흥입니다. 세례
요한은 주님이 오실 길을 참으로 잘 준비한 것입니다. 그리하여
세례 요한은 주님에게 직접 세례를 베풀기도 했습니다.

그럼에도 불구하고 세례 요한은 구원의 완성을 위한 사역자
는 아닙니다. 회개의 세례를 베풂으로 구원을 시작하는 사역을
한 자입니다. 회개가 구원의 시작입니다. 그러므로 세례 요한은
구원의 시작을 상징하는 유월절에 태어나게 하고 유월절에 사역
을 시작하게 한 것입니다. 이처럼 하나님께서는 같은 구원의 의
미를 가진 두 절기 가운데서도 그 의미에 맞게 구별하여 구원의
역사를 섭리하는 것을 알 수 있습니다. 이로써 하나님의 치밀하
고 완벽한 성품을 다시 한 번 깨달을 수 있습니다.

다음은 대환난의 기간과 두 증인의 사역 기간에 대하여 나누
어 보겠습니다. 요한계시록의 대환난의 기간에 대하여 잘 이해
하기 위하여 알아야 하는 대전제가 하나 있습니다. 그것은 요한
계시록의 사건들이 발생순서대로 기록되었다는 것입니다. 이 전

휴거 되는 성도들

제가 흔들리면 요한계시록을 바르게 이해할 수 없습니다. 대부분의 요한계시록에 대한 해석이 이 전제를 무시하고 있습니다. 그러므로 여러가지 다른 해석들이 많이 존재하는 것입니다. 이 중요한 전제 하나만 흔들리지 않고 계시록을 묵상하여도 계시록이 많이 어렵지 않습니다. 또한 환난의 기간도 쉽게 이해할 수 있습니다.

요한계시록에는 환난의 기간에 대하여 알 수 있도록 세 가지의 다른 기간을 기록해 두었습니다. 그 중 두 가지는 사람들이 잘 알고 있는 전반 3년 반의 두 증인이 사역하는 기간과 후반 3년 반 동안 짐승이 본격적으로 세상을 핍박하는 기간입니다. 이 두 기간을 합하면 전체 기간이 7년이 되므로 7년 대환난이라고 부르는 것입니다. 또 다른 한 가지는 5개월입니다. 이 기간은 전반 3년 반 환난 전의 기간입니다. 요한계시록 9장 5절과 10절을 보겠습니다.

"그러나 그들을 죽이지는 못하게 하시고 다섯 달 동안 괴롭게만 하게 하시는데 그 괴롭게 함은 전갈이 사람을 쏠 때에 괴롭게 함과 같더라"(계 9:5).
"또 전갈과 같은 꼬리와 쏘는 살이 있어 그 꼬리에는 다섯 달 동안 사람들을 해하는 권세가 있더라"(계 9:10).

이 재앙은 다섯째 나팔의 심판입니다. 황충이 사람을 다섯 달

동안 괴롭게 한다고 합니다. 고통받는 기간을 아는 것이 그리 중요한 일이겠습니까? 여기에 다섯 달의 기간이 쓰여 있는 것은 7년 환난 전에 5개월 이상의 환난 기간이 더 있다는 것을 암시하기 위한 것입니다. 환난 기간에 대한 계시가 숨어있는 것입니다.

요한계시록에서 환난의 시작은 여섯째 인을 떼는 6장 12절입니다. 휴거는 6장 11절과 12절 사이에 일어납니다. 휴거가 일어나자 마자 환난이 시작되는 것입니다. 여기서 주목하려는 것은 환난 기간에 대한 것이므로 왜 여섯째 인을 뗄 때 환난이 시작되는 것인지 그 이유는 설명하지않겠습니다. 우선 그대로 받기 바랍니다.

다시 기간을 정리하면 두 증인의 3년 반 사역이 시작되기 전까지 5개월 이상의 재앙 기간이 더 있습니다. 이 기간이 6개월입니다. 7년의 환난 기간 외에 6개월이 더 있다는 것을 알려주기 위하여 황충에 쏘여 고통받는 기간이 5개월이라는 것을 두 차례나 언급한 것입니다. 이렇게 한 이유는 사람들에게 환난 기간이 7년이 아니라 7년 6개월이라는 것을 계시하기 위한 것입니다.

환난은 휴거에서 주님의 지상 재림까지의 기간 동안 이루어지는 것입니다. 주님이 공중에 오시어 그의 거룩한 신부들을 데려가는 것과 지상에 재림하는 사건은 모두 구원의 큰 사건입니다. 그러므로 이 두 사건은 구원의 두 절기인 유월절과 초막절을 통하여 이루어질 가능성이 크며 그러기 위하여는 6개월이 있어야 하는 것이며 따라서 환난 기간은 7년이 아니라 7년 6개월이 되는 것입니다. 이러한 원리를 적용하면 휴거가 초막절 즈음에 일어나면 주님의 지상 재림은 유월절 즈음에 발생할 것입니다. 아니면 그 반대로 일어날 것입니다. 어떤 일이 언제 일어날지는 여러분 각자가 묵상해 보기 바랍니다.

다음은 두 증인의 사역 기간에 대하여 살펴보겠습니다. 이미 상고해 본 지식을 바탕으로 하면 두 증인의 사역은 휴거가 일어나고 6개월 후에 시작합니다. 그러므로 휴거가 초막절 즈음에 일어나면 두 증인의 사역은 유월절 즈음에 시작할 것이며 아니면 그 반대일 것입니다. 그리고 3년 6개월 동안 사역함으로 두 증인이 죽어 승천할 때에도 초막절이나 유월절이 될 것입니다.

다시 설명하면 휴거가 일어난 때를 기준으로 두 증인의 사역의 시작과 끝이 언제 인지도 연결하여 풀 수 있는 것입니다. 너무도 퍼즐처럼 잘 맞아 들어가지 않습니까? 이것이 6개월의 비밀입니다. 이것이 6개월이라는 기간 안에 숨어있는 하나님의 구원의 사역의 비밀입니다.

이 외에도 성경에는 6개월을 사용하는 예들이 더 있습니다. 다윗은 헤브론에서 유다를 7년 6개월 다스렸고 그 후에는 유다와 전 이스라엘을 33년간 다스렸습니다. 그리하여 총 40년 6개월을 다스렸습니다. 일반적으로는 40년간 다스렸다고 이해하는데 정확하게는 40년 6개월 다스렸습니다. 사무엘하 5장 5절을 보겠습니다.

"헤브론에서 칠 년 육 개월 동안 유다를 다스렸고 예루살렘에서 삼십 삼 년 동안 온 이스라엘과 유다를 다스렸더라" (삼하 5:5).

성경에는 언제 통치를 시작하고 마쳤는지에 대한 기록은 없지만 아마도 두 절기에 맞추어서 시작하고 마쳤을 개연성이 큽니다. 초막절에 왕이 되었다가 유월절에 통치를 마쳤을 것으로 추정할 수 있습니다. 왜냐하면 다윗은 구원주신 그리스도의 예표이기 때문입니다.

엘리야가 기도할 때 3년 6개월 동안 비가 오지 않았습니다. 이 사건도 두 절기의 때에 맞추어 일어났을 것으로 짐작할 수 있습니다. 아마도 유월절에 가뭄이 시작되었다가 초막절에 가뭄이 끝났을 것으로 추정해 볼 수 있습니다. 마지막 때에 짐승이 핍박하는 기간도 3년 6개월입니다. 이 사건도 절기에 맞추어 발생합니다. 짐승이 통치를 시작하는 때는 두 증인이 죽는 때입니다. 그리고 짐승이 죽임을 당할 때는 그리스도께서 지상에 재림할 때입니다. 그러므로 두 번 모두 절기에 이루어지는 것입니다.

이상으로 살펴본 것처럼 하나님께서는 자신이 정한 절기를 중심으로 구원의 큰 일들을 행하고 있습니다. 그러므로 구원받기 소망하는 인간들은 이러한 절기를 알아야 하며 지켜야합니다. 유월절과 초막절을 지키는 것은 구원을 예행 연습하는 의미가 있습니다. 세상의 오락적인 공연도 연습하고 리허설을 해야 성공적인 공연이 될 수 있는 원리와 같습니다. 그러므로 하나님께서 이 두 절기에 반드시 여호와 앞에 보이라고 말씀하는 것입니다. 신명기 16장 16절을 보겠습니다.

"너의 가운데 모든 남자는 일 년에 세 번 곧 무교절과 칠칠절과 초막절에 네 하나님 여호와께서 택하신 곳에서 여호와를 뵈옵되 빈손으로 여호와를 뵈옵지 말고"(신 16:16).

다음은 역대하 8장 12절, 13절을 보겠습니다.

"솔로몬이 낭실 앞에 쌓은 여호와의 제단 위에 여호와께 번제를 드리되" "모세의 명령을 따라 매일의 일과대로 안식일과 초하루와 정한 절기 곧 일년의 세 절기 무교절과 칠칠절과 초막절에 드렸더라"(역하 8:12-13).

이 두 구절은 절기 중에도 무교절과 칠칠절과 초막절을 가장 중요하게 여겨 반드시 지키라고 말씀합니다. 무교절은 7일간 내내 무교병만 먹음으로 붙여진 이름으로 유월절이라 부르기도 합니다. 칠칠절은 예수님의 부활을 상징하는 초실절 후 50일째에 지키는 절기입니다. 이 날은 하나님께서 성령을 부어준 오순절입니다. 즉 칠칠절은 성령강림절의 예표인데 2천 년 전에 실제로 이루어졌습니다.

초막절은 구원이 완성된 것을 기뻐하는 절기로서 나뭇가지를 흔들며 즐겁게 보내는 절기입니다. 이처럼 모든 절기 중에서도 이 세 절기는 중요하므로 모든 남자는 여호와께서 택한 곳, 즉 예루살렘에서 기념하라는 것입니다. 절기에 관하여는 레위기 23장과 민수기 28장, 29장에 설명되어 있습니다. 각자 묵상해보고 여기서는 두 가지만 설명하겠습니다.

하나는 7월 절기입니다. 나팔절과 속죄일과 초막절이 모두 일곱째 달에 지키므로 7월 절기라고도 합니다. 나팔절은 히브리 달력으로 7월 1일, 속죄일은 7월 10일, 초막절은 7월 15일부터 21일 까지의 7일간입니다. 이 세 절기는 영적으로 연결이 됩니다. 나팔절은 회개의 절기이고 속죄일은 죄 사함을 받는 절기이고 초막절은 구원이 완성되는 절기입니다. 이 세 절기는 인간이 구원받는 과정을 보여주는 것입니다. 인간이 회개를 할 때 하나님께서 죄를 사하여 주어 구원받게 하는 과정을 그대로 반영하는 것이 이 세 절기입니다. 그러므로 같은 달에 몇 일 간격으로 정해 놓은 것입니다.

다른 하나는 초막절 7일간의 기간이 끝난 다음 날인 8일째 성회에 관한 것입니다. 이 날은 초막절의 일부는 아닙니다. 그러나 안식하며 큰 성회로 모이는 날입니다. 이 날은 초막절에 구원이 완성된 후의 또 다른 새로운 날입니다. 성경은 이 날에 일을 하지 말고 거룩한 성회로 모이라고 합니다. 이것은 영적으로 천국의 모임을 의미합니다. 그러므로 땅의 절기인 초막절과 구분됩니다. 구원이 완성된 사람들이 하나님의 나라에서 모이는 것을 상징하므로 모임 중에서도 가장 크고 거룩한 모임의 날입니다. 큰 의미가 있는 날입니다.

하나님께서는 이처럼 인간을 사랑하사 절기도 인간의 구원을 위하여 만들었고 절기를 따라 구원의 큰 역사를 이룬다는 것을 성경을 통하여 계시해 주고 있습니다. 하나님은 인간의 구원이 이처럼 간절하고 절박합니다. 그러나 정작에 구원을 받아야 할 당사자들인 인간들은 절기를 지키지 않습니다. 믿는 사람들도 하나님의 절기를 지키지 않습니다. 이스라엘의 왕들 중에도 유월절을 첫째 달 15일에 바르게 지킨 왕은 요시야 왕 한 사람밖에 없었습니다.

사람이 만든 명절은 잘 지키는데 하나님께서 지은 명절은 지키지 않습니다. 설날에 고향으로 돌아가고 어른들에게 세배를 합니다. 윷놀이도 합니다. 추석에 선물을 사가지고 부모를 뵙고 풍성하게 차려 먹으며 기뻐합니다. 그러나 유월절 초막절에는 하나님을 뵈러 가지 않습니다. 사람들은 이러한 절기를 유대인의 명절이라고 말하고 유대인들만 지켜야 하는 것으로 생각합니다. 십계명이 유대인에게만 주어진 것이 아니듯이 예수 그리스도의 피가 유대인에게만 효력이 있는 것이 아니듯이 모든 절기는 믿는 모든 사람들에게 주어진 것입니다.

절기를 모르는데 주님이 오시는 때에 관한 계시가 열릴 수 없습니다. 주님은 절기에 맞추어 탄생하고 죽고 부활하고 사역을 시작하였습니다. 하나님께서는 절기에 맞추어 최초로 만민에게 성령을 부어주었습니다. 마지막 때에 주님이 오시는 휴거와 지상 재림도 절기 가운데 일어날 수 있다는 것을 깨닫는 것은 참으로 중요한 일입니다. 절기를 지키는 자들이 이 때를 알게 될 것입니다. 6개월의 비밀은 바로 휴거의 비밀이며 구원의 비밀입니다. 그러니 이제부터는 구원의 명절을 무시하지 말고 지키십시오. 주님 오시기 전에 한 번이라도 절기를 기념해보라는 것입니다. 여호와의 명절을 알고 지키는 자들, 절기의 의미를 깨닫고 기도하며 깨어 있는 사람들에게는 그 날이 도둑처럼 임하지 않을 것입니다.

"이레 동안에 너희는 여호와께 화제를 드릴 것이요 여덟째 날에
도 너희는 성회로 모여서 여호와께 화제를 드릴지니 이는 거룩
한 대회라 너희는 어떤 노동도 하지 말지니라"

레위기 23:36

3
팔 일째 성회

숫자 안에 하나님의 계시가 있다는 것을 깨닫는 것은 성경을 이해하는데 중요합니다. 하나님께서는 숫자를 통하여 말씀합니다. 성경은 특정한 숫자에 의미를 부여하였으며 그 의미에 맞게 사용합니다. 그 뜻이 일정하므로 해석을 바르게 할 수 있습니다. 그리고 숫자의 성경적 의미를 잘 이해하면 우리의 삶에도 유익하게 적용할 수 있으며 하나님의 음성을 듣는 수단이 될 수 있습니다. 더 나아가 숫자를 통하여 크고 비밀한 것까지도 깨달을 수 있습니다.

성경이 의미를 부여한 것으로 일반적으로 알려진 숫자는 3과 4 그리고 6과 7입니다. 보통의 크리스천들은 이 네 숫자의 의미를 어느 정도 이해하고 있습니다. 그럼에도 불구하고 이 네 숫자에 대하여 우선 설명하는 이유는 숫자 8에 대한 해석을 하기 위한 것입니다. 숫자 8의 의미를 해석함으로써 본문 말씀의 여덟째 날 성회에 대한 영적인 의미를 상고하려는 것이며 그러기 위하여 우선 대표적인 성경적인 숫자들에 대하여 간략히 살펴보겠습니다.

첫째로 숫자 3은 성경에서 하늘의 숫자, 생명의 숫자의 의미로 사용됩니다. 그 의미의 근원은 인간에게 생명을 주신 성부, 성자, 성령의 삼위로 존재하는 하나님입니다. 성경에서 숫자 3을 사용하는 예를 살펴보겠습니다. 누가복음 3장 23절을 보겠습니다.

"예수께서 가르치심을 시작하실 때에 삼십 세쯤 되시니라…" (눅 3:23).

하나님의 아들인 예수님은 30세에 사역을 시작하였습니다. 사무엘하 5장 4절을 보겠습니다.

"다윗이 나이가 삼십 세에 왕위에 올라 사십 년 동안 다스렸으되" (삼하 5:4).

예수 그리스도의 예표인 다윗 왕은 30세에 왕이 되었습니다. 열 두 지파의 장자권을 얻은 요셉은 30세에 애굽의 총리가 되었습니다. 하나님이 주신 구원의 총리직을 30세에 받았습니다. 예수님은 33년 동안 이 땅에서 사셨고 주님의 예표인 다윗 왕은 예루살렘에서 33년 동안 이스라엘을 다스렸습니다. 사무엘하 5장 5절을 보겠습니다.

> "헤브론에서 칠 년 육 개월 동안 유다를 다스렸고 예루살렘에서 삼십
> 삼 년 동안 온 이스라엘과 유다를 다스렸더라"(삼하 5:5).

사사로 세운 기드온에게 하나님께서 주신 용사의 수는 300명이었습니다. 이상으로 살펴본 것처럼 3은 하늘의 숫자이므로 하나님의 사람들과 관련하여 사용되는 것을 알 수 있습니다.

둘째로 숫자 4에 대하여 살펴보겠습니다. 4는 세상의 수 사망의 수 고난의 수의 의미로 쓰여집니다. 3과 대조되는 숫자입니다. 세상은 계절을 봄 여름 가을 겨울의 네 가지로 나눕니다. 방향을 가리킬 때에도 동서남북의 네 방향을 사용합니다. 미국 돈은 쿼터라는 4분의 1달러를 사용하며 사람들은 물건을 네 등분하는데 익숙합니다. 땅에 사는 사람들은 언제인가 죽습니다. 그러므로 땅의 수, 사망의 수인 4와 자연스럽게 연결되어 있는 것입니다.

엘리야에게 죽임을 당한 아세라의 선지자 수는 400명이었고 바알의 선지자는 450명이었습니다. 선지자 엘리사를 놀리다 곰에게 죽임을 당한 청년들의 수는 42명이었습니다. 300명이나 30명이 아니었습니다. 주님께서는 40일 동안 금식하였습니다. 이 기간은 목숨을 건 고난의 기간이었습니다. 그러므로 30일간 하

지 않고 40일간 금식한 것이었습니다. 이스라엘 백성은 40년 동안 광야 생활로 고생을 하였고 400년간 애굽에서 고통스러운 종살이를 하였습니다. 이처럼 4는 세상과 사망과 고난의 의미로 성경에서 사용됩니다.

세번째로 숫자 6에 관하여 살펴보겠습니다. 6은 성경적으로 불완전 수이며 사탄의 수입니다. 요한계시록의 짐승의 숫자는 666입니다. 계시록의 짐승은 적그리스도이며 사탄의 종입니다. 그러므로 불완전 수인 6을 세 개나 사용하는 것입니다. 솔로몬이 이웃 나라들에게서 거둔 세금이 666달란트였습니다. 열왕기상 10장 14절을 보겠습니다.

"솔로몬의 세입금의 무게가 금 육백육십육 달란트요"(왕상 10:14).

이 금액은 지금의 가치로 환산하면 8억 달러 또는 8천억 원인데 성경에서 언급된 돈의 액수 중에 가장 큰 금액입니다. 돈은 불완전한 것입니다. 이렇게 큰 돈은 더욱 불완전한 것입니다. 그러므로 그 금액이 짐승의 수와 같은 불완전 수인 666달란트였던 것입니다. 성경은 부유해지면 하나님으로부터 멀어지고 결국 멸망한다고 가르칩니다. 666달란트의 세금을 거두어 부유해진 솔로몬은 결국 미혹되어 멸망했습니다. 다음은 출애굽기 20장 9절, 10절을 보겠습니다.

"엿새 동안은 힘써 네 모든 일을 행할 것이나" "일곱째 날은 네 하나
님 여호와의 안식일인즉 너나 네 아들이나 네 딸이나 네 남종이나 네
여종이나 네 가축이나 네 문안에 머무는 객이라도 아무 일도 하지 말
라"(출 20:9-10).

인간은 일주일에 6일 동안 일하도록 지어졌습니다. 인간들이
6일간 한 일은 불완전한 것입니다. 이것을 완전하게 하는 방법이
7일째 쉬는 것입니다. 그러할 때 하나님께서 불완전하게 이룬 인
간의 일을 온전하게 하십니다. 7일째인 안식일에 쉬는 것의 중요
성을 숫자로도 해석할 수 있는 것입니다. 이상으로 살펴본 것처
럼 6은 불완전 수이며 사탄의 수를 상징합니다.

다음은 숫자 7에 대하여 알아보겠습니다. 7은 성경적으로 완
벽한 수 또는 완전한 수의 의미를 갖습니다. 세상이 해석하는 행
운의 수는 아닙니다. 그보다 더 좋은 의미입니다. 완전하게 온전
하게 완벽하게 완성한다는 의미를 가지므로 전지전능하고 완벽
한 하나님께서 가장 많이 사용하는 숫자입니다. 성경에는 숫자
7이 3백 번 이상 나옵니다. 성경에서 가장 많이 사용된 숫자입니
다. 성경의 마지막 책인 요한계시록에 60번으로 가장 많이 나오
고 성경의 첫 번째 책인 창세기에 54번으로 두 번째로 많이 나옵
니다. 태초에 세상을 완벽하게 지으셨고 마지막 때에 완전하게
심판하실 것이므로 두 책에 7이 가장 많이 사용된 것이 아닌가
생각됩니다.

성경에서 7을 사용한 예들을 살펴보겠습니다. 창세기 2장 3절을 보겠습니다.

"하나님이 그 일곱째 날을 복되게 하사 거룩하게 하셨으니 이는 하나님이 그 창조하시며 만드시던 모든 일을 마치시고 그 날에 안식하셨음이니라" (창 2:3).

하나님은 세상을 창조하고 7일째 쉬심으로 창조를 완성하였습니다. 천지창조를 완성하는데 완성의 수 7일이 걸린 것입니다. 또한 일주일을 완전 수 7일로 정하여 사용하게 하였습니다. 다음은 창세기 7장 4절을 보겠습니다.

"지금부터 칠 일이면 내가 사십 주야를 땅에 비를 내려 내가 지은 모든 생물을 지면에서 쓸어버리리라" (창 7:4).

하나님께서는 7일 전에 노아에게 홍수가 날 것을 알렸고 방주 안으로 피하게 하였습니다. 7일이면 노아의 가족은 물론 모든 동물까지 피할 수 있는 완벽한 기간인 것입니다. 다음은 출애굽기 24장 9절을 보겠습니다.

"모세와 아론과 나답과 아비후와 이스라엘 장로 칠십 인이 올라가서" (출 24:9).

70인의 장로가 모세와 함께 하나님을 만나러 갔습니다. 하나님을 뵈러 가는 자의 숫자는 사망의 수인 40명이거나 불완전 수인 60명일 수가 없을 것입니다. 완벽한 하나님을 뵈러 가는 사람의 수는 완전 수 70명이어야 하는 것입니다. 여호수아 6장 15절을 보겠습니다.

"일곱째 날 새벽에 그들이 일찍이 일어나서 전과 같은 방식으로 그 성을 일곱 번 도니 그 성을 일곱 번 돌기는 그 날 뿐이었더라" (수 6:15).

일곱째 날 일곱 번 돌며 소리쳤을 때 여리고성이 무너졌습니다. 여기에는 7이 두 번 동원되었습니다. 여리고성을 다섯 번이나 여섯 번 돌고 소리쳤으면 무너지지 않았을 것입니다. 다섯째 날이나 여섯째 날에 소리쳤으면 여리고 성은 무너지지 않았을 것입니다. 일곱째 날 일곱 번 돌았을 때 완전히 무너졌습니다. 7은 6으로 상징되는 사탄의 견고한 진을 완벽하게 부수는 숫자입니다. 나아만 장군은 요단강에서 일곱 번 씻음으로 나병이 완전하게 나았습니다. 주님은 떡 일곱 개로 사천 명을 먹이고 떡 다섯 개와 물고기 두 마리로 오천 명을 먹였습니다. 일곱 개는 완전 수이므로 모인 사람 수천 명 모두를 먹일 수 있었습니다.

엘리야 때에 바알에게 절하지 않은 자는 믿음이 온전한 자들입니다. 그러므로 그 숫자가 7천 명이었습니다. 성경은 일곱 번씩 일흔 번 용서하라고 합니다. 완벽하게 용서하라는 말씀입니다. 마지막 때에 일곱 교회에게 심판을 준비하라고 편지를 합니다. 일곱 교회에 전하면 모든 교회에게 완전히 전한 것입니다. 세상의 교회는 이 일곱 교회 중에 하나의 모습을 하고 있습니다. 마지막 때의 재앙은 일곱 인, 일곱 나팔, 일곱 대접으로 이루어집니다. 세상 끝 날에 완벽하게 심판을 하시는 것입니다. 그리하여 완전 수 7을 세 번이나 사용합니다. 짐승의 표 666에 대한 심판을 777의 재앙으로 완성하는 것입니다. 이상으로 살펴본 것처럼 7은 성경에서 완전, 완벽, 완성의 의미로 사용되었습니다.

다음은 성경적인 의미가 있는 숫자는 아니지만 세상에서 상징으로 사용하는 두 가지 숫자 13과 18에 대하여 간략하게 설명하겠습니다. 숫자 13은 프리메이슨의 숫자입니다. 프리메이슨은 사교 집단으로 사탄을 숭배합니다. 이들이 붙잡는 숫자가 13입니다. 프리메이슨이 디자인한 달러 지폐는 13의 이미지를 많이 사용하였습니다. 피라밋의 층수도 13층이며 독수리가 쥐고 있는 나뭇가지도 13개이고 화살도 13개입니다. 프리메이슨이 의도적으로 13을 사용하여 디자인한 것입니다. 13은 불길한 숫자입니다.

숫자 18은 로만 가톨릭에서 사용하는 숫자입니다. 로만 가톨릭은 매년 1월 18일에 큰 행사를 합니다. 2014년에 한국을 방문한 교황이 명동 성당의 미사에 참석한 날은 8월 18일이었습니다. 이 외에도 로만 가톨릭은 18을 여러 면에서 사용하고 붙잡습니다. 이들은 영적으로 육적으로 음란한 조직이며 비밀에 싸여 있는 곳입니다. 즉 18은 비밀의 수, 음란의 수입니다.

이상으로 숫자의 의미에 관하여 살펴보았습니다. 사람은 숫자와 관련하여 생활합니다. 신분증과 전화번호, 주소를 갖게 됩니다. 그 중에는 선택할 수 있는 것도 있고 선택할 수 없이 주어지는 것도 있습니다. 어떻게 하여서 갖게 되었든지 그 숫자의 의미는 살아 있습니다. 숫자의 의미를 알면 삶에 적용할 수 있습니다. 숫자의 의미를 실제로 적용하는 것은 성경적이며 지혜로운 것입니다. 예를 들어 비행기 예약을 하려는데 비행기 번호가 666번이면 그 비행기를 예약하지 말라는 것입니다. 하나님께서 숫자를 통하여 말씀하신 것입니다. 집을 임대하려고 하는데 두 집이 마음에 듭니다. 한 집의 번지 수는 33번지이고 다른 하나는 40번지일 경우에 33번지를 임대하는 것이 숫자를 삶에 적용하는 것입니다.

마지막으로 감추어진 숫자 하나에 대하여 나누겠습니다. 이 숫자를 감추어 졌다고 말씀하는 이유는 성경에서 많이 쓰이지 않으며 그 의미도 잘 알려져 있지 않기 때문입니다. 이 숫자는 8입니다. 숫자 8은 성경 전체에서 60번 정도 밖에 쓰이지 않았습니다. 그렇지만 이 숫자의 의미는 놀랄 만하고 귀한 것입니다. 이 설교의 목적도 숫자 8의 의미를 가르치어 8일째 성회의 영적인 의미를 깨닫게 하려는 것입니다. 성경에서 사용된 숫자 8에 대하여 살펴보겠습니다. 창세기 17장 12절과 21장 4절을 보겠습니다.

"너희의 대대로 모든 남자는 집에서 난 자나 또는 너희 자손이 아니라 이방 사람에게서 돈으로 산 자를 막론하고 난 지 팔 일 만에 할례를 받을 것이라"(창 17:12).

"그 아들 이삭이 난 지 팔 일 만에 그가 하나님이 명령하신 대로 할례를 행하였더라"(창 21:4).

하나님은 계명을 주기도 전에 아브라함을 통하여 할례의 법을 먼저 주었습니다. 할례는 예수 그리스도의 피 흘림으로 지금은 지킬 필요가 없어졌지만 그 당시에는 반드시 지켜야 하는 법이었습니다. 이것은 십계명보다 먼저 주어진 구원의 법이었습니다. 그러므로 성경은 구원받지 못한 자를 할례 받지 못한 자라고 표현하기도 합니다.

그런데 지금 초점을 맞추려는 것은 할례의 법에 관한 것은 아닙니다. 지금 집중하려는 것은 할례를 받는 날에 관한 것입니다. 하나님께서는 할례를 나은지 8일째에 하라고 명하였습니다. 그리하여 아브라함은 아들 이삭을 태어난 지 8일째에 할례를 받게 합니다. 할례를 태어난 지 한 달 내에 하라거나 1년 내에 아무 때에나 하라고 명할 수도 있을 것인데 그렇게 하지 않았습니다. 정확하게 8일째에 할례를 하라고 하였습니다.

굳이 날짜를 정한다면 할례는 구원의 상징으로 완전 수의 의미를 가진 7일째 하는 것이 더 적절할 것 같은데 그렇게 하지도 않았습니다. 7일째에 하라고 명하지도 않았으며 7일 후 아무 때에나 하라고 명하지도 않았습니다. 반드시 난 지 8일째에 하라고 명하였습니다. 출애굽기 22장 30절을 보겠습니다.

> "네 소와 양도 그와 같이 하되 이레 동안 어미와 함께 있게 하다가 여드레 만에 내게 줄지니라" (출 22:30).

제사 지낼 어린 소와 양도 나은지 8일째에 잡으라고 명합니다. 짐승임에도 아무 날에나 잡으라고 하지 않았습니다. 한 달 내에 잡으라고 하거나 두 달 내에 잡으라고도 하지 않았습니다. 7일 만도 아니고 9일 만도 아니고 반드시 8일 만에 죽여 제물로 삼아야 하는 것입니다. 이상의 두 가지 즉 할례의 날과 짐승 잡는 날의 예를 보면 치밀하고 완벽하신 하나님께서 8이라는 숫자에 어떤 의미를 두는 듯한 감을 느끼지 않을 수 없습니다.

숫자 8은 시작을 의미합니다. 그러나 단순한 시작을 의미하는 것은 아닙니다. 새로운 시작을 의미합니다. 그러나 단순한 새로운 시작을 의미하는 것도 아닙니다. 숫자 8은 무엇인가를 완전히 이룬 후에 새롭게 시작하는 수입니다. 그러므로 완전 수 7 다음에 따라오는 것입니다. 8일째 할례를 받게 하는 이유도 사람이 태어난 후 7일간 생명이 붙어 있을 때 완전히 생명이 주어진 것이라는 의미가 있기 때문입니다.

옛날에는 아기들이 태어나서 며칠 내로 죽는 경우가 많았습니다. 그러므로 7일을 기다리는 것이며 이름도 8일 째에 지어 줍니다. 8일째 할례를 받으므로 구원받은 새로운 생명이 시작되는 것입니다. 제사에 바칠 짐승을 8일째에 잡는 것은 7일간 어미와 함께 있는 것으로 짐승의 삶도 온전하게 한 것입니다. 그리하여 8일째에는 그 짐승에게 하나님의 제물이라는 새로운 의미가 부여되는 것입니다.

노아의 때에 온 지구가 홍수로 심판을 받았습니다. 노아와 그 가족을 제외한 인간과 땅 위의 모든 호흡 있는 것들이 멸망하였습니다. 하나님은 심판으로 깨끗하게 된 새 땅에서 노아의 가족으로 다시 인류의 역사를 시작하였습니다. 베드로전서 3장 20절을 보겠습니다.

"그들은 전에 노아의 날 방주를 준비할 동안 하나님이 오래 참고 기다리실 때에 복종하지 아니하던 자들이라 방주에서 물로 말미암아 구원을 얻은 자가 몇 명뿐이니 겨우 여덟 명이라"(벧전 3:20).

지금까지 살펴본 숫자 8의 의미를 이해하면 노아의 홍수 때 구원받은 사람의 수가 여덟 명인 것이 우연이 아닌 것을 알 수 있습니다. 홍수가 있기 전까지 노아의 자손은 더 탄생하고 죽었을 수도 있지만 홍수 당시에 노아의 가족은 아내와 세 아들과 세 며느리를 합하여 모두 여덟 명이었습니다. 여기에는 하나님의 섭리가 있음을 부인할 수 없습니다. 8은 완성 후의 새로운 시작을 의미합니다. 세상의 심판을 완성하고 새 땅에서 새롭게 시작하므로 여덟 명을 남겨둔 것입니다. 요한계시록 17장 11절을 보겠습니다.

"전에 있었다가 지금 없어진 짐승은 여덟째 왕이니 일곱 중에 속한 자라 그가 멸망으로 들어가리라" (계 17:11).

이 구절에도 숫자 8이 7과 연결되어 소개됩니다. 여기서 멸망으로 들어가는 여덟째 왕은 적그리스도를 의미합니다. 그런데 이 여덟째 왕이 일곱 중에 속했던 자라고 합니다. 이 구절의 말씀을 현실에 적용하여 풀어 보겠습니다. 휴거 후에 온 세계가 대혼란으로 들어가며 그 와중에 핵 전쟁이 일어납니다. 이 전쟁을 통하여 일곱의 권력자들이 세워지며 잠시 후에는 그 중의 한 사람이 절대 권력자가 되는 것입니다. 이 사람이 적그리스도이고 여덟째 왕입니다.

요한계시록의 일곱 왕은 두 가지의 의미로 예언되어 있습니다. 하나는 지금 설명한 마지막 때의 일곱 왕을 의미하며 다른 하나는 역사상 적그리스도의 예표가 된 일곱 제국을 의미하는 것입니다. 일곱 제국은 여덟째 제국인 적그리스도 왕국의 예표들입니다. 일곱의 예표들이 완성되고 새롭게 여덟째 왕국이 시작되는 것입니다. 그래서 요한계시록은 여덟째 왕이 멸망으로 들어간다고 굳이 몇 번째 왕인지를 표현해 놓은 것입니다. 일곱 제국이 완결된 후에 여덟째 왕인 적그리스도가 마지막 때를 새로운 핍박과 멸망으로 이끄는 것입니다. 본문 말씀인 레위기 23장 36절을 보겠습니다.

> "이레 동안에 너희는 여호와께 화제를 드릴 것이요 여덟째 날에도 너
> 희는 성회로 모여서 여호와께 화제를 드릴지니 이는 거룩한 대회라
> 너희는 어떤 노동도 하지 말지니라"(레 23:36).

이 구절에서 이레 동안 제사를 지내는 것은 초막절을 지키는 것입니다. 초막절은 히브리 달력으로 일곱째 달 15일부터 21일까지 7일간 지키는 절기입니다. 초막절은 7일간 기념하고 끝이 나는 것입니다. 그런데 끝나는 날인 일곱째 날에는 안식을 하지도 성회로 모이지도 않습니다. 같은 구원의 절기인 유월절에는 첫 날과 일곱째 날 모두 안식하고 성회로 모여야 하는데 초막절에는 첫 날에만 안식하고 모이는 것입니다.

초막절에는 일곱째 날에 모이지 않는 대신에 그 다음 날인 여덟째 날에 모이라고 합니다. 유월절처럼 일곱째 날에 모이면 기억하기도 좋고 절기의 끝 날이므로 의미도 있을 텐데 그렇게 하지 않았습니다. 절기가 끝난 다음 날인 여덟째 날에 안식하며 모이라고 명하였습니다. 여기에는 숫자 8의 의미가 숨겨져 있는 것입니다. 완성 후의 새로운 시작이라는 숫자 8의 의미를 초막절에 적용하면 초막절 7일 동안에 무엇인가를 완성한 것입니다. 그 완성은 바로 이 땅에서의 구원입니다. 구원을 성취한 것에 대하

여 7일간 기뻐하며 축하하는 것입니다. 이것이 초막절의 의미입니다. 그런 후에 8일째에 새로운 날이 시작되는 것입니다.

이 8일째의 모임은 다른 모든 절기의 모임과 다르게 거룩한 대회 또는 장엄한 대회라고 특별하게 부릅니다. 이 날은 초막절의 일부가 아니며 초막절과 상관없는 날입니다. 이 날은 구원이 완성된 후 새로 시작하는 날입니다. 즉 이 날은 천국에 들어가는 날의 상징인 것입니다. 그러므로 땅에서의 절기인 초막절의 일부가 될 수 없으며 동시에 반드시 초막절을 지킨 후에야 경축할 수 있는 날입니다. 다시 말씀하면 이 여덟째 날의 모임은 구원이 완성된 사람들이 천국 안에서 구원을 축하하는 날의 의미를 갖는 것입니다. 이러한 영적 의미가 있으므로 세상에서 지키는 절기인 초막절에 모이지 않고 따로 8일째에 큰 대회로 모이는 것입니다.

이 날은 세상으로부터 완전히 분리된 날이며 새로운 시작의 날입니다. 천국 백성이 된 것을 기뻐하는 날입니다. 천국의 절기이므로 절기의 이름도 없습니다. 세상이 천국의 절기에 이름을 붙일 수가 없습니다. 그러므로 그냥 8일째 성회, 거룩한 대회라고 부르는 것입니다. 이 날은 초막절보다 더 큰 날이며 더 거룩한 날이며 더 기쁜 날입니다. 이 날은 바로 감추어진 휴거의 날에 대한 모형인 것입니다.

숨겨진 것을 드러내어 알게 하는 분은 성령입니다. 주의 재림과 심판이 임박한 이 때에 8일째 성회의 계시를 깨닫는 것은 신령한 복이며 하나님의 은혜입니다. 이러한 크고 비밀한 것을 알게 하는 것은 그 날에 나팔 소리를 들을 수 있도록 깨어 기도하라는 뜻입니다. 그 날에 주의 얼굴을 볼 수 있도록 회개와 거룩함으로 준비하라는 뜻입니다. 이 여덟째 날의 비밀을 깨닫는 모든 사람들이 그 날에 하나님의 거룩한 모임에 인도되기를 지금 오고 계신 메시아 우리 주 예수 그리스도의 이름으로 축복합니다.

휴거 되는 성도들

II
휴거의 때

"여호와께서 달로 절기를 정하심이여 해는 그 지는 때를 알도다"

시편 104:19

4
히브리 달력을 보며 깨어 있으라

서로 다른 달력을 사용하는 사람이 약속 날짜를 정하면 그 만남은 이루어지지 않을 것입니다. 예를 들어 주님께서 여러분에게 2024년 7월 21일 저녁에 시온 산에서 만날 것을 약속하였다고 가정을 하겠습니다. 그런데 여러분은 이 날짜를 일반 달력의 날짜로 생각하고 그 날에 시온 산에 가면 주님을 만나지 못합니다. 시온 산 산바람만 맞게 됩니다. 왜냐하면 주님은 다른 달력을 사용하기 때문입니다. 주님과의 모처럼 한 약속이 무산되는 것입니다. 그런데 이 약속이 주님과의 결혼식이었다면 어떻게 되겠습니까? 하나님의 어린 양의 혼인 잔치에 참석하기로 약속하였는데 날짜를 잘 못 알아 놓친다면 매우 억울한 일일 것입니다.

지금 여러분이 성경적 달력 (Biblical Calendar) 즉 하나님의 달력을 보지 않고 살아간다면, 또한 성경에 적힌 모든 날짜가 하나님의 달력을 기준으로 쓰였다는 사실을 모르거나 무시한다면 조금 전에 예를 든 이야기의 주인공이 될 수 있습니다. 지금은 마지막 때이고 하나님께서는 예언의 일정표대로 분주하게 움직이고 계십니다. 그 시간표에는 휴거와 어린 양의 혼인 잔치 날짜도 표시되어 있습니다. 그런데 우리가 하나님께서 사용하는 동일한 달력을 사용하지 않는다면 하나님의 시간표대로 움직일 수가 없으며 결국에는 혼인 잔치의 날이 언제 인지 모른 채 들림받지 못하고 땅에 남겨질 수 있습니다.

하나님의 달력을 이해하면 주님이 행하는 일들과 날짜가 연관이 있고 어떠한 패턴이 있음을 깨달을 수 있습니다. 그러므로 휴거와 주님의 재림의 때를 잘 알고 준비하려면 히브리 달력 즉 하나님의 달력을 볼 줄 알아야 하며 그것을 사용해야 합니다. 지금 사람들이 세상에서 사용하는 달력을 하나님은 전혀 사용하지 않습니다. 그러므로 주님과의 약속 날짜를 지키려면 달력을 바꾸어야 합니다. 하나님의 달력은 음력 즉 달의 움직임을 따라 만들었습니다. 본문 말씀인 시편 104편 19절을 보겠습니다.

"여호와께서 달로 절기를 정하심이여 해는 그 지는 때를 알도다" (시 104:19).

하나님께서는 달의 움직임을 기준으로 달력을 만들었는데 이것은 한국에서 사용하는 음력과는 또 다릅니다. 그러므로 히브리 달력을 따로 구하여 사용해야 합니다. 보통은 일반 달력에 히브리 달력의 날짜가 함께 표시되어 있음으로 히브리 달력을 구하면 따로 일반 달력이 필요 없습니다.

지금까지는 히브리 달력 사용의 필요성과 중요성에 대하여 말씀을 드렸습니다. 이제부터는 하나님께서 어떻게 날짜로 말씀하는지, 특정한 날에 같은 의미의 일을 반복함으로써 우리에게 전하는 메시지는 무엇인지에 관하여 상고해 보고자 합니다.

역사는 반복된다는 말이 있습니다. 비슷한 일들이 어떤 패턴을 가지고 발생한다는 의미입니다. 인간의 일상 생활도 어떠한 패턴을 크게 벗어나지 않습니다. 밤에 자고 아침에 일어납니다. 식사를 두 세 번 합니다. 일하러 갑니다. 학교에 갑니다. 이러한 일들을 보통은 규칙적으로 하며 삽니다. 성경은 절기를 정하여 매년 같은 방식으로 의식을 하도록 합니다. 매년 똑같이 반복하는 것입니다.

불순종도 반복됩니다. 구약의 역사를 보면 이스라엘이 하나님께 불순종을 합니다. 그러면 하나님께서 심판합니다. 그러면 이스라엘 백성은 회개합니다. 하나님은 다시 용서하고 복을 줍니다. 그런데 한동안 시간이 지나면 다시 불순종하고 벌을 받고 다시 회개하고 돌아오는 과정을 반복합니다. 이것이 전형적인 이스라엘 역사의 패턴이었습니다. 이처럼 역사는 같은 일이 반복되는 것을 보여주는데 하나님께서는 이러한 섭리를 날짜에 정확하게 맞추어 시행하기도 합니다. 지금부터는 하나님께서 날짜를 사용하여 계시한 사건들 중에 몇 가지를 함께 살펴보겠습니다.

첫째, 예루살렘이 멸망한 날에 대하여 살펴보겠습니다. 역사적으로 예루살렘은 두 번 멸망을 하였는데 첫번째는 주전 586년에 바벨론의 침략으로 멸망했습니다. 이 날은 히브리 달력으로 5월 9일입니다. 열왕기하 25장 8절에서 10절까지를 보겠습니다.

> "바벨론 왕 느부갓네살의 열아홉째 해 오월 칠일에 바벨론 왕의 신복 시위대장 느부사라단이 예루살렘에 이르러" "여호와의 성전과 왕궁을 불사르고 예루살렘의 모든 집을 귀인의 집까지 불살랐으며 시위대장에게 속한 갈대아 온 군대가 예루살렘 주위의 성벽을 헐었으며" (왕하 25:8-10).

바벨론 군대가 예루살렘에 도착한 날이 5월 7일이므로 5월 9일 (9th of Av)에 멸망한 역사기록은 맞는 것입니다. 두번째는 주 후 70년에 로마에 의해 예루살렘이 멸망을 당하여 유대인 100만 명이 죽고 20만 명이 끌려갑니다. 그런데 그 날도 5월 9일입니다. 이 날짜는 성경에는 없지만 역사책에 기록되어 있습니다. 이스라엘 역사상 가장 비극적인 두 번의 사건인 예루살렘의 멸망이 같은 날 일어났습니다. 그래서 유대인들은 이 날을 중요한 절기로 정하여 금식하며 지킵니다. 이 주의 안식일을 사바스 해즌 (Sabbath Chazon) 이라고 하는데 이는 검은 안식일 즉 슬픈 안식일이라는 의미입니다. 예루살렘이 멸망한 슬픈 두 번의 사건이 히브리 달력으로 같은 달 같은 날에 일어났습니다.

휴거 되는 성도들

두번째는 성전 공사를 시작한 때에 대하여 나누어 보겠습니다. 이스라엘의 역사에는 하나님의 성전을 건축한 일이 두 번 있습니다. 첫번째는 솔로몬 왕이 건축하였고 두번째는 바벨론의 포로에서 돌아온 이스라엘 백성들이 스룹바벨의 지휘 아래 건축한 것입니다. 우선 솔로몬이 지은 첫째 성전의 공사가 몇 월에 시작하였는지 살펴보겠습니다. 역대하 3장 2절을 보겠습니다.

"솔로몬이 왕위에 오른 지 넷째 해 둘째 달 둘째 날 건축을 시작하였더라" (역하 3:2).

둘째 달에 건축을 시작하였습니다. 다음은 스룹바벨이 제2성전 건축을 언제 시작하였는지 에스라 3장 8절을 보겠습니다.

"예루살렘에 있는 하나님의 성전에 이른 지 이 년 둘째 달에 스알디엘의 아들 스룹바벨과 요사닥의 아들 예수아와 다른 형제 제사장들과 레위 사람들과 무릇 사로잡혔다가 예루살렘에 돌아온 자들이 공사를 시작하고 이십 세 이상의 레위 사람들을 세워 여호와의 성전 공사를 감독하게 하매" (스 3:8).

제2성전도 둘째 달에 공사를 시작하였습니다. 하나님의 전을 건축한다는 것은 영적으로 큰 의미가 있습니다. 성전을 건축할 때 하나님께서 기뻐하고 복을 줍니다. 학개 2장 18절, 19절을 보겠습니다.

"너희는 오늘 이전을 기억하라 아홉째 달 이십사일 곧 여호와의 성전
지대를 쌓던 날부터 기억하여 보라" "곡식 종자가 아직도 창고에 있느
냐 포도나무, 무화과나무, 석류나무, 감람나무에 열매가 맺지 못하였
느니라 그러나 오늘부터는 내가 너희에게 복을 주리라" (학 2:18–19).

이 말씀은 선지자 학개가 스룹바벨의 지휘로 시행하던 성전공
사가 중단되자 다시 공사를 시작할 것을 촉구하는 말씀입니다.
19절을 보면 하나님께서 오늘부터는 내가 너희에게 복을 주리라
고 말씀하는데 그 오늘은 바로 공사를 시작하는 날을 의미합니
다. 사람도 자신의 집을 사거나 짓는다면 그것은 얼마나 중요하
고 큰 일이겠습니까? 하물며 하나님의 집은 더 말할 나위가 없
겠지요. 이러한 복을 받을 성전 건축이 이스라엘 역사상 두 번
밖에 없었는데 같은 달인 둘째 달에 시작하였습니다.

다음은 이스라엘의 근대 역사의 중요한 사건을 통하여 둘째
달의 의미에 대하여 알아보겠습니다. 우선 이스라엘이 2천 년 만
에 다시 국가를 세운 날을 보겠습니다. 이스라엘이 다시 건국된
날짜는 일반 달력으로 1948년 5월 14일인데 이 날은 히브리 달
력으로 2월 5일입니다.

다음은 이스라엘 건국 당시 반만 소유했던 예루살렘을 통일
한 날을 보겠습니다. 6일전쟁을 통하여 예루살렘이 통일된 날짜

는 일반 달력으로 1967년 6월 7일이며 하나님의 달력으로는 2월 28일입니다. 이 두 날은 이스라엘의 근대 역사상 가장 중요하고 의미가 있는 날이며 동시에 하나님의 예언의 시간표에서도 가장 핵심적인 날입니다. 이스라엘 근대역사의 가장 역사적인 사건인 이스라엘의 건국과 예루살렘 통일이 두 차례의 성전 건축을 시작한 달과 동일하게 2월에 이루어졌습니다.

그렇다면 지금부터는 두번의 성전 건축과 이스라엘의 독립, 예루살렘의 통일이 서로 어떠한 관련이 있는지 어떤 영적 의미를 공유하는지 등에 관하여 풀어 봄으로써 같은 날이나 같은 달에 같은 일을 행하시는 하나님의 섭리를 다시 한번 확인해보겠습니다.

성전 건축은 영적 회복을 상징합니다. 두 차례의 성전 건축은 하나님께서 영광을 받을 일이지만 더불어 이스라엘 백성의 회복을 위한 것이기도 합니다. 다니엘 9장 2절을 보겠습니다.

"곧 그 통치 원년에 나 다니엘이 책을 통해 여호와께서 말씀으로 선지자 예레미야에게 알려 주신 그 연수를 깨달았나니 곧 예루살렘의 황폐함이 칠십 년 만에 그치리라 하신 것이니라"(단 9:2).

이 구절에서 예루살렘의 황폐함이 70년 만에 그친다는 것은 두 가지의 의미를 갖습니다. 하나는 바벨론의 이스라엘 통치가 70년 만에 끝나는 육적인 회복이며 다른 하나는 성전이 70년 만에 다시 건축되는 영적인 의미입니다. 바벨론의 통치기간은 BC 608년에서 BC 538년까지 70년간이며 예루살렘 성전은 BC 586년에 무너진 후 70년 만인 BC 516년에 완공됩니다. 육적인 회복이 있은 후 약 20년 뒤에 영적인 회복을 이루었습니다.

이스라엘의 근대 역사가 같은 방법으로 이루어졌습니다. 이스라엘 건국을 이루고 약 20년 후 정확히는 19년 23일 후에 예루살렘 통일을 이룬 것이 바로 그것입니다. 이스라엘의 건국이 육적인 회복을 의미한다면 예루살렘의 통일은 영적인 회복을 의미합니다. 2천5백 년 전에 이스라엘을 바벨론으로부터 해방시키고 20년 후에 성전을 지은 사건과 놀랍게도 유사성을 갖습니다.

이상으로 살펴본 것처럼 이스라엘 역사에 두 번 밖에 없는 성전 건축과 근대 이스라엘 역사의 가장 역사적인 두 사건인 국가 독립과 예루살렘 통일은 동일한 영적인 의미를 갖는 것입니다. 그러므로 하나님께서는 이 일들이 같은 달인 2월에 일어나게 섭리한 것입니다.

세번째는 부림절에 발생한 근래의 역사적 사건들을 조명해보겠습니다. 이것을 설명하기 전에 먼저 부림절에 대하여 간략히 설명하겠습니다. 바사의 아하수에로 왕 때에 그 당시 바사의 총리였던 하만이 유대인 모르드개를 못 마땅히 여겨 바사 왕국의 모든 유대인을 죽일 계획을 하여 왕의 결재까지 받습니다. 그러나 모르드개와 바사왕의 왕비이며 모르드개의 사촌 동생인 에스더의 지혜와 믿음으로 유대인들이 죽기로 되어 있는 그 날에 오히

휴거 되는 성도들

려 유대인들이 그들의 적들을 죽였는데 그 날을 기념하는 날이 부림절입니다.

유대인의 적을 죽인 날이 12월 13일이며 그 다음 날인 12월 14일을 부림절로 기념합니다. 그러나 그 당시 왕궁이 있던 수산성에서는 14일에도 적을 죽였으므로 성 안에 사는 사람들은 12월 15일을 수산부림절이라 부르며 기념합니다. 에스더 9장 20절에서 22절까지를 보겠습니다.

> "모르드개가 이 일을 기록하고 아하수에로 왕의 각 지방에 있는 모든 유다인에게 원근을 막론하고 글을 보내어 이르기를" "한 규례를 세워 해마다 아달월 십사일과 십오일을 지키라" "이 달 이 날에 유다인들이 대적에게서 벗어나서 평안함을 얻어 슬픔이 변하여 기쁨이 되고 애통이 변하여 길한 날이 되었으니 이 두 날을 지켜 잔치를 베풀고 즐기며 서로 예물을 주며 가난한 자를 구제하라 하매" (에 9:20-22).

여기서 아달월은 12월이며 일반 달력으로는 보통 3월쯤 됩니다. 부림절과 관련한 날짜 12월 13일, 14일, 15일을 기억하며 근래에 중동에서 일어난 두 번의 전쟁에 대하여 설명을 드리겠습니다. 2001년 9월 11일은 미국 역사상 한번의 사고로 가장 많은 사람이 죽은 사건이 발생한 날입니다. 여객기 두 대가 납치되어 뉴욕의 세계무역센터에 충돌하였습니다. 이 사건이 있은 후 미국 정부는 이러한 테러를 자행한 자들의 배후에는 이라크가 있음을 조사로 밝혀내고 2003년 3월 19일에 이라크를 침공합니다. 그런데 이라크 공격을 개시한 3월 19일은 히브리 달력으로 12월 15일이며 이날은 수산부림절입니다. 이라크는 이스라엘과 적대적이며 세 차례의 중동 전쟁 때에도 모두 적으로 참전한 나라입니다. 비록 이스라엘이 직접 공격하지는 않았지만 하나님께서는 부림절에 이스라엘의 적을 공격하였습니다. 부림절에 부림절의 의미에 맞는 일을 행하신 것입니다.

또 다른 예를 하나 보겠습니다. 2008년 8월에 리비아에서는 그 당시 리비아 대통령인 가다피와 그의 정부를 반대하는 세력이 서로 싸우는 내전이 시작되었습니다. 내전 동안에 많은 리비아 국민들이 살상을 당하게 되자 유엔은 리비아 정부에게 무력사용을 중단할 것을 경고합니다. 그러나 가다피 정부는 유엔의 요청을 듣지 않고 계속적으로 내전을 진행합니다. 그러자 미국과 몇몇 동맹국들이 리비아를 공격합니다. 이 전쟁 중에 가다피 대통령이 죽었습니다. 그 전쟁을 시작한 날은 일반 달력으로 2011년 3월 19일인데 이 날은 하나님의 달력으로 12월 13일이며 부림절 전날입니다. 즉 이 날은 유대인들이 적들을 죽인 날입니다.

리비아도 이슬람 국가로서 이스라엘과는 적대적입니다. 그리고 1967년 6일전쟁 때 이스라엘과 적국으로 싸운 적이 있는 나라입니다. 그러므로 하나님께서는 이 전쟁도 부림절 전날에 공격을 하도록 섭리한 것입니다. 이스라엘 독립 이후로 이스라엘에 대한 주변 중동 국가로부터의 위협과 공격이 날로 증가하고 있습니다. 그러한 정황 중에 이스라엘의 우방인 미국이 이스라엘의 적들을 두 차례나 공격을 한 것입니다. 21세기에 들어 미국이 다른 나라를 침공한 것은 두 번 밖에 없습니다. 그런데 두 번 모두 부림절에 이스라엘의 적국을 침공하였습니다. 하나님께서 같은 날에 같은 일을 반복하시는 것은 고대에나 근대에나 현대에나 변함이 없습니다.

네번째로 주님께서 승천한 날과 예루살렘이 통일된 날에 대하여 살펴보겠습니다. 주님은 유월절에 죽으시고 3일 만에 부활하였습니다. 그리고 40일 정도 사람들에게 보인 후 승천하였습니다. 이 날을 계산하면 하나님의 달력으로 2월 28일 (28th of Iyyar)입니다.

다음은 이스라엘의 6일전쟁에 대하여 알아보겠습니다. 이스라엘은 1948년에 독립을 하면서 한 차례 전쟁을 치렀습니다. 아랍 연합국과의 전쟁에서 승리하여 국가를 공고히 세웠습니다. 그러나 독립 당시의 이스라엘의 영토는 하나님께서 약속하여 주셨던 영토의 4분의 1 크기밖에 되지 않았습니다. 그 뿐만 아니라 예루살렘도 서쪽 절반만 소유하였고 동쪽 절반은 요르단의 영토였습니다.

그리하여 독립한지 19년째 되던 1967년 6월 5일에 하나님께서는 이스라엘을 통하여 전쟁을 일으킵니다. 이 전쟁에서 이스라엘은 불과 6일 만에 아랍 네 나라의 국경을 넘어 본래 크기의 네 배로 영토를 확장합니다. 그리하여 이스라엘의 땅은 하나님께서 당초에 주기로 약속한 지경과 거의 비슷한 수준으로 회복이 됩니다. 그리고 나뉘었던 예루살렘을 탈환하여 온전히 이스라엘의 소유로 찾아오게 됩니다.

예루살렘을 탈환할 때 그 작전을 지휘한 부대장의 이름은 모르드개였으며 치열한 전투가 있을 것이라는 예상과는 달리 이스라엘 군대는 예루살렘 성을 총 한방 쏘지 않고 접수하였습니다. 이것은 하나님께서 일으킨 기적입니다. 이스라엘이 작전을 시작하기도 전에 적들을 이미 내 쫓아버린 것입니다. 이 6일전쟁은 기적의 전쟁입니다. 군사력이 훨씬 강한 네 나라를 동시에 상대하여 6일 만에 영토를 네 배나 늘리는 완벽한 전쟁의 승리가 어떻게 가능하겠습니까? 그런데 제가 지금 말씀드리려는 것의 핵심은 전쟁의 승리에 대한 것이 아닙니다. 제가 말씀드리려는 것의 포인트는 예루살렘이 통일된 날짜에 관한 것입니다.

이스라엘은 전쟁 개시 후 3일째에 예루살렘을 탈환하는데 이 날은 일반 달력으로 6월 7일이며 히브리 달력으로는 2월 28일로서 예수님이 승천한 날과 같은 날입니다. 이스라엘은 이 날을 예루살렘의 날이라 부르며 명절로 기념합니다. 이 두 사건 즉 예수님의 승천과 예루살렘 통일의 영적인 의미를 상고함으로써 공통점을 찾아보겠습니다. 예수께서 승천한 것은 하늘과 땅을 통일하기 위한 것입니다. 에베소서 1장 10절을 보겠습니다.

"하늘에 있는 것이나 땅에 있는 것이 다 그리스도 안에서 통일되게 하려 하심이라" (엡 1:10).

다음은 누가복음 24장 49절을 보겠습니다.

"볼지어다 내가 내 아버지께서 약속하신 것을 너희에게 보내리니 너희는 위로부터 능력으로 입혀질 때까지 이 성에 머물라 하시니라 (눅 24:49).

이 구절에서 말씀하는 위로부터의 능력은 성령 받는 것을 의미하며 예수님은 성령을 부어주려고 하늘로 올라갔습니다. 사람들이 주님이 주시는 성령을 받을 때 하늘의 뜻이 땅에서 이루어지는 것이며 하늘과 땅이 통일되는 것입니다. 이처럼 주님의 승천은 하늘과 땅을 통일하는 의미가 있습니다.

다음은 예루살렘의 통일에 대하여 상고해보겠습니다. 예루살렘은 역사적으로 이스라엘의 중심이며 수도입니다. 다윗왕과 유대의 왕들이 다스린 곳이며 그리스도께서 오시어 다스릴 곳입니다. 또한 예루살렘은 천국을 상징합니다. 요한계시록 21장 1절, 2절을 보겠습니다.

"또 내가 새 하늘과 새 땅을 보니 처음 하늘과 처음 땅이 없어졌고 바다도 다시 있지 않더라" "또 내가 보매 거룩한 성 새 예루살렘이 하나님께로부터 하늘에서 내려오니 그 준비한 것이 신부가 남편을 위하여 단장한 것 같더라"(계 21:1-2).

이처럼 예루살렘은 물리적으로는 이스라엘에의 영토 안에 있지만 하나님께 속하는 천국을 상징합니다. 그러나 절반이 이방 나라에 속해 있는 예루살렘은 온전한 천국의 상징이 될 수 없는 것입니다. 이러한 예루살렘을 하나님께서 통일한 것입니다. 그러므로 예루살렘 통일의 의미는 그리스도께서 하늘과 땅을 통일한 것과 영적으로 같은 의미를 갖는 것입니다. 이처럼 예수님의 승천과 예루살렘 통일의 영적인 의미가 같으므로 같은 날에 일어난 것입니다.

구약을 읽으면 어떠한 일이 발생한 날짜를 정확하게 기록하고 있는 경우가 많이 있습니다. 어떤 것은 날짜를 적을 필요성이 별로 없어 보임에도 몇 월 며칠까지 정확하게 기록하기도 합니다. 이러한 날짜를 잘 관찰하면 같은 일들이 같은 날에 일어난다는 것이 계시되기도 합니다. 물론 모든 날짜가 그러한 이유로 적혀 있는 것은 아니지만 그냥 지나치지 말고 관찰해 보는 것이 필요합니다.

노아의 홍수에 관한 글을 읽으면 인상적인 부분이 하나 있습니다. 그것은 심판의 내용에 관한 것이 아닙니다. 그것은 심판이 진행되는 동안 날짜를 계속적으로 명시해 놓았다는 사실입니다. 하나님께서 수천 년 전의 사건에 대하여 진행 과정을 따라 몇 월 며칠까지 날짜를 상세하게 알 수 있도록 해 놓았다는 사실은 이들 날짜가 마지막 때 하나님의 예언의 시간표와 관련이 있다는 영감을 받게 합니다. 그 중의 한 부분을 나누어 보겠습니다. 창세기 8장 14절에서 16절까지를 보겠습니다.

> "둘째 달 스무이렛날에 땅이 말랐더라" "하나님이 노아에게 말씀하여 이르시되" "너는 네 아내와 네 아들들과 네 며느리들과 함께 방주에서 나오고" (창 8:14-16).

이 구절은 홍수 심판이 끝나고 물도 모두 빠지고 땅까지 말라 노아가 배에서 나와 살 수 있는 상황이 된 것을 보여줍니다. 땅이 마른 날이 둘째 달 27일이고 그 날에 하나님께서 노아에게 방주에서 나오라고 명합니다. 노아가 실제로 방주에서 나온 날에 대하여는 언급이 없지만 노아가 28일에 나왔을 것으로 추정할 수 있습니다. 27일에 나왔을 수도 있지만 28일 것으로 예측하는 것은 그 날이 특별한 날이기 때문입니다. 2월 28일은 주님께서 승천한 날이고 예루살렘이 통일된 날입니다. 이 세 날은 영적으로 같은 의미가 있다는 것을 쉽게 알 수 있습니다. 노아가 방주에서 나와 밟은 땅은 죄가 모두 심판 받고 깨끗하게 된 땅입니다. 즉 하늘의 뜻이 땅에서도 이루어지고 하늘과 땅이 통일된 것입니다. 그러므로 그리스도께서 승천한 날과 예루살렘이 통일된 날과 같은 날에 노아가 새 땅을 밟은 것입니다.

4천 년 전에 일어난 사건의 날짜를 기록한 이유가 있었습니다. 50년 전의 사건과 2천 년 전의 사건과 4천 년 전의 사건이 같은 의미를 가지므로 같은 날에 발생하도록 섭리하는 하나님의 계시가 너무도 놀랍지 않습니까? 예수님의 승천과 예루살렘의 통일과 노아가 새 땅을 밟은 날이 같은 날이라는 사실과 그 날짜가 2월 28일이라는 사실이 여러분에게 어떠한 영감을 주지 않습니까?

하나님께서 이룰 세 가지의 큰 일들이 남았습니다. 그것은 휴거와 주의 재림과 천년왕국입니다. 휴거 7년 반 후에 주님이 재림합니다. 이것은 요한 계시록에서 말씀합니다. 주님 재림 후 45일째에 천년왕국이 시작됩니다. 이것은 다니엘서 끝 부분의 1290일과 1335일에 대한 비밀에 감춰져있습니다. 주님이 유월절 1월 14일 밤에 재림하면 그로부터 45일째가 되는 날은 2월 28일입니다. 하나님께서는 지금 히브리 달력으로 천년왕국이 시작되는 날에 대하여 여러분에게 계시하고 있습니다.

이상으로 살펴본 것처럼 하나님께서는 자신의 달력을 이용하여 같은 날, 또는 같은 달에 동일한 의미의 일을 이룹니다. 이렇게 하는 이유는 우리에게 비밀을 알려주기 위한 것입니다. 하나님께서는 무슨 일을 할지 자신의 종에게 알리지 않고는 행하지 않는다고 하였습니다. 아모스 3장 7절과 8절을 보겠습니다.

"주 여호와께서는 자기의 비밀을 그 종 선지자들에게 보이지 아니하시고는 결코 행하심이 없으시리라 사자가 부르짖은즉 누가 두려워

하지 아니하겠느냐 주 여호와께서 말씀하신즉 누가 예언하지 아니
하겠느냐"(암 3:7-8).

이 말씀에는 세 가지 포인트가 있습니다. 첫째는 하나님께서
는 비밀한 일을 행하기 전에 주의 종에게 반드시 알린다는 것입
니다. 이 비밀한 일은 보통 심판에 관한 것입니다. 즉 언제 심판
이 오니 회개하라고 하든지 피하라는 메시지를 선지자를 통하여
미리 말씀한다는 것입니다. 휴거는 아마도 인류 역사상 가장 큰
비밀이며 동시에 하늘나라에서도 가장 중요한 행사입니다. 휴거
를 한다는 것은 기쁜 일이지만 남은 자들에게는 엄청난 환난과
심판이 바로 이어집니다. 그러므로 이 일은 하나님께서 반드시
주의 종들에게 미리 알리지 않을 수 없는 것입니다.
　둘째는 하나님으로부터 예언의 말씀을 받으면 반드시 전하라
는 것입니다. 혼자만 알고 있지 말라는 것입니다. 예언을 받은
자는 사람들이 듣든지 아니 듣든지 전하라는 것이 성경의 가르
침입니다. 이 설교도 받은 말씀을 예언하는 것입니다. 이 예언은
꿈이나 환상으로 들은 것은 아닙니다. 성경에 숨어있는 비밀을
풀어 알게 한 것입니다. 그러므로 순종하여 전하는 것입니다.
　셋째는 "사자가 부르짖은 즉 누가 무서워하지 않겠느냐" 라
는 부분을 보겠습니다. 이 말씀에는 선지자의 예언을 사자의 소
리처럼 두려워하라는 의미가 있습니다. 지금 곧 휴거가 일어나고
심판이 시작된다는 설교를 두려운 마음으로 받으라는 것입니다.

두렵고 떨림으로 구원을 이루어가라는 것입니다. 하나님을 두려워하는 것이 지혜의 근본이며 지혜로운 자는 자신의 영혼을 구원하는 자입니다.

휴거가 매우 임박합니다. 우리는 언제라도 들림을 받을 수 있는 때를 살고 있습니다. 이러한 때에 하나님의 달력을 통하여 비밀을 깨닫게 되는 것은 매우 감사한 일입니다. 이를 깨닫게 하는 분은 성령입니다. 이러한 귀한 깨달음을 주는 것은 교회가 주님 오시는 길을 더욱 잘 준비하라는 뜻입니다. 이 말씀을 듣는 모든 교회가 그 날에 공중에서 주의 얼굴을 보게 되기를 지금 오고 계신 메시아 우리 주 그리스도 예수의 이름으로 축복합니다.

"여호와께서 모세에게 말씀하여 이르시되""이스라엘 자손에게 말하여 이르라 이것이 나의 절기들이니 너희가 성회로 공포할 여호와의 절기들이니라"

레위기 23:1-2

5
절기에 감추어진 구원의 비밀

성경에는 놀라운 비밀들이 있습니다. 성경의 많은 부분은 쉽게 문자적으로 이해할 수 있지만 풀기 어려운 것들과 감추어진 것들도 많이 있습니다. 퍼즐처럼 복잡하게 나뉘어져 있어 적절히 조합을 하지 않으면 알 수 없는 것들도 있습니다. 이러한 비밀과 어려운 계시들은 오랜 시간의 공부로만 되는 것도 아닙니다. 왜냐하면 성경 안에 감추어진 비밀과 깊은 것들은 성령만이 알게 해주기 때문입니다. 그러므로 사람마다 말씀을 깨닫는 깊이와 넓이가 다른 것입니다. 이러한 깊은 깨달음의 은혜를 입으려면 성경연구 외에 많은 기도와 거룩한 삶을 사는 것이 필요합니다. 성경과 성령만 의지할 때에 하나님께서 크고 놀라운 비밀들을 알게 합니다.

오늘은 하나님의 많은 놀라운 비밀 중에 한 가지를 여러분과 나누려 합니다. 그것은 휴거의 때에 관한 것입니다. 성경에는 마지막 때와 주님의 재림, 휴거 등에 대한 예언이 많이 있습니다. 구약의 예언서에도 있으며 복음서에서 주님께서 직접 말씀하신 것도 있습니다. 바울의 서신서와 베드로서에도 세상 끝 날에 대한 말씀이 있으며 성경의 마지막 책인 요한계시록에도 예언 되어있습니다. 이처럼 마지막 때에 대한 예언들이 성경에 많이 있지만 그 때가 정확하게 언제 인지에 대한 언급은 없습니다. 주님은 그 날과 시간은 아무도 모른다고 말씀합니다. 마태복음 24장 36절을 보겠습니다.

"그러나 그 날과 그 때는 아무도 모르나니 하늘의 천사들도, 아들도 모르고 오직 아버지만 아시느니라" (마 24:36).

그러나 한편으로는 깨어 있는 사람에게는 그 날이 도둑같이 오지 않는다고도 말씀합니다. 데살로니가전서 5장 4절에서 6절까지를 보겠습니다.

"형제들아 너희는 어둠에 있지 아니하매 그 날이 도둑 같이 너희에게 임하지 못하리니" "너희는 다 빛의 아들이요 낮의 아들이라 우리가 밤이나 어둠에 속하지 아니하나니" "그러므로 우리는 다른 이들과 같이 자지 말고 오직 깨어 정신을 차릴지라" (살전 5:4-6).

이 두 말씀을 연결하여 해석하면 정확하게 며칠 몇 시에 주님

휴거 되는 성도들

이 오는 것은 알 수 없어도 비교적 정확한 때를 알 수는 있다는 뜻입니다. 예를 들면 날은 몰라도 년과 달은 알 수도 있다는 의미가 들어있는 것입니다. 노아는 홍수의 심판이 시작되는 것을 7일 전에 알았습니다. 창세기 7장 1절에서 4절까지를 보겠습니다.

"여호와께서 노아에게 이르시되 너와 네 온 집은 방주로 들어가라 이 세대에서 네가 내 앞에 의로움을 내가 보았음이니라" "너는 모든 정결한 짐승은 암수 일곱씩, 부정한 것은 암수 둘씩을 네게로 데려오며" "공중의 새도 암수 일곱씩을 데려와 그 씨를 온 지면에 유전하게 하라" "지금부터 칠 일이면 내가 사십 주야를 땅에 비를 내려 내가 지은 모든 생물을 지면에서 쓸어버리리라" (창 7:1-4).

이 말씀 중에서 1절을 보면 여호와께서 노아의 의로움을 보았다고 합니다. 노아는 의로우므로 심판을 면하도록 준비시키고 그 심판의 날짜까지 며칠 전에 알려준 것입니다. 즉 하나님께서 의로운 사람에게는 심판의 때를 알려주는데 그 때가 임박할수록 더 상세히 알려준다는 것이 성경이 가르치는 교훈입니다. 또한 하나님께서는 아모스 3장 7절에서 이렇게 말씀합니다.

"주 여호와께서는 자기의 비밀을 그 종 선지자들에게 보이지 아니하시고는 결코 행하심이 없으시리라" (암 3:7).

여호와께서는 큰 일이나 비밀스러운 일을 행하기 전에 반드시 자신의 종들에게 미리 알린다고 합니다. 이러한 사실들을 전제로 하면 신실한 주의 종들에게는 휴거의 때도 비교적 정확하게 미리 알려줄 것이라고 쉽게 유추해 볼 수 있습니다. 이러한 비밀은 꿈이나 환상으로 직접 보고 들을 수도 있겠지만 오늘 여기서 다루려는 것은 그러한 직접적인 계시에 대한 것은 아닙니다. 제가 지금 설교하려는 것은 성경 안에 휴거의 때에 대한 비밀이 숨겨져 있다는 것과 그것을 찾아 내는 것에 관한 것입니다.

휴거와 주의 재림과 관련한 때를 구체적으로 풀어 알기 위해서는 우선 기본적으로 알아야 할 사실들이 있습니다. 이러한 기본적인 사실들은 휴거의 때에 관한 지식은 물론 성경 전체를 더 깊이 있게 이해하는데 유익합니다. 오늘 설교에는 휴거의 때에 관한 정답은 들어있지 않습니다. 문제를 푸는 과정을 설명하려는 것입니다. 답을 구할 수 있는 공식을 드리는 것입니다. 그러니 배운 후에 해답은 각자 풀어 보기 바랍니다. 우선 휴거의 때에 관한 성경의 계시가 깊게 열리기 위하여 알아야 기본적인 지식이 어떤 것들인지를 말씀드리겠습니다.

첫째, 하나님께서 정한 절기들에 대하여 알아야합니다. 하나님께서는 자신이 정한 절기를 따라 큰 일들을 행합니다.

둘째, 히브리 캘린더 즉 하나님의 달력을 읽고 사용해야 합니다. 성경의 모든 날짜는 하나님의 달력을 기준으로 한 것이며 그 날짜들에 비밀이 있습니다.

휴거 되는 성도들

셋째, 해와 달을 하나님께서 어떠한 일의 징조로서 사용한다는 사실을 알아야합니다. 이에 관하여는 창세기 1장 14절에서 말씀해 놓았습니다.

넷째, 이스라엘의 현대 역사를 알아야합니다. 주님도 마지막 때의 징조를 알려면 이스라엘을 상징하는 무화과나무의 비유를 배우라고 말씀하였습니다.

이상의 네 가지 기본적인 지식을 가지고 마지막 때 하나님의 예언의 일정표를 묵상하면 지금이 얼마나 주님 오실 때가 가까운지를 깨달을 수 있습니다. 또한 이 네 가지의 기본적인 지식은 요한계시록을 해석하는데도 도움이 됩니다. 이 네 가지에 대한 바른 지식이 요한계시록의 말씀들을 구약의 예언서와 신약의 예언들과 연결하여 명쾌하고 사실적으로 해석할 수 있도록 인도합니다. 그리하여 계시록에 숨겨진 휴거와 휴거의 때를 발견할 수 있습니다. 이상의 네 가지 주제를 한번에 다루기에는 분량이 너무 많으므로 주제별로 네 차례에 걸쳐 나누어 설교를 하겠습니다. 오늘은 그 중에서 첫번째로 언급한 절기에 대하여서 나누겠습니다.

하나님께서는 자신이 정한 절기를 위주로 큰 일들을 합니다. 뜻이 있으므로 특별히 날을 정하여 지키게 하는 것입니다. 그 깊은 뜻들은 놀랄 만한 것들입니다. 그러나 많은 크리스천들이 유월절, 초막절 등 중요한 하나님의 절기를 유대인의 절기라고 말하고 자신들과는 상관없는 것처럼 이해하고 있으며 따라서 성경에서는 분명하게 대대로 반드시 지키라고 명령을 함에도 지키지 않고 있습니다. 그러나 절기를 모르면 휴거의 때를 알지 못합니다.

하나님께서 매년 지키라고 명한 절기는 모두 일곱 가지인데 각기 다른 의미가 있습니다. 지금부터는 이 절기들의 의미와 지켜야하는 의식에 대하여 살펴보겠습니다. 첫째, 유월절과 무교절에 대하여 살펴보겠습니다. 레위기 23장 4절에서 8절까지를 보겠습니다.

"이것이 너희가 그 정한 때에 성회로 공포할 여호와의 절기들이니라" "첫째 달 열나흗날 저녁은 여호와의 유월절이요" "이 달 열닷샛날은 여호와의 무교절이니 이레 동안 너희는 무교병을 먹을 것이요" "그 첫 날에는 너희가 성회로 모이고 아무 노동도 하지 말지며" "너희는 이레 동안 여호와께 화제를 드릴 것이요 일곱째 날에도 성회로 모이고 아무 노동도 하지 말지니라" (레 23:4-8).

유월절은 하나님의 달력으로 첫째 달 14일 저녁입니다. 15일부터 21일까지는 무교절로서 누룩이 들어간 떡을 먹지 말고 집에 두지 말아야 합니다. 첫 날과 마지막 날에는 일을 하지 말고 함께 모여 예배를 드리라고 합니다. 유월절은 하나님께서 애굽에서 이스라엘을 구원한 것을 기념하는 절기, 즉 구원의 시작을 상징하는 절기입니다.

둘째, 나팔절에 대하여 알아보겠습니다. 레위기 23장 24절, 25절을 보겠습니다.

"이스라엘 자손에게 말하여 이르라 일곱째 달 곧 그 달 첫 날은 너희에게 쉬는 날이 될 지니 이는 나팔을 불어 기념할 날이요 성회라 어떤 노동도 하지 말고 여호와께 화제를 드릴 지니라"(레 23:24-25).

하나님의 달력으로 일곱째 달 첫 날에 일을 하지 않고 모여 나팔을 불며 기념하는 날입니다. 이 날은 영적으로는 회개를 상징하는 절기입니다.

셋째로 속죄일에 대하여 살펴봅니다. 레위기 23장 27절에서 28절까지를 보겠습니다.

"일곱째 달 열흘날은 속죄일이니 너희는 성회를 열고 스스로 괴롭게 하며 여호와께 화제를 드리고" "이 날에는 어떤 일도 하지 말 것은 너희를 위하여 너희 하나님 여호와 앞에 속죄할 속죄일이 됨이니라"(레 23:27-28).

일곱째 달 9일 저녁부터 10일 저녁까지 일을 하지 않고 금식하고 절제하며 모여 예배를 드리는 날입니다. 이 날은 죄사함 받는 것을 상징하는 절기입니다.

네번째로 초막절을 살펴보겠습니다. 레위기 23장 34절에서 36

절까지를 보겠습니다.

"이스라엘 자손에게 말하여 이르라 일곱째 달 열 닷샛날은 초막절이
니 여호와를 위하여 이레 동안 지킬 것이라" "첫 날에는 성회로 모일
지니 너희는 아무 노동도 하지 말 지며" "이레 동안에 너희는 여호와
께 화제를 드릴 것이요 여덟째 날에도 너희는 성회로 모여서 여호와
께 화제를 드릴 지니 이는 거룩한 대회라 너희는 어떤 노동도 하지
말 지니라" (레 23:34-36).

초막절은 일곱째 달 15일부터 21일까지 7일 동안 초막에서 거
주하며 이스라엘이 애굽에서 나와 광야의 초막에서 거주하던 날
을 기념하는 날입니다. 첫째 날에는 일을 하지 말고 일 주일 내
내 나뭇가지를 흔들며 기뻐하라고 합니다. 그리고 8일째에 특별
한 큰 성회로 모이라고 합니다. 초막절은 구원의 완성을 상징하
는 절기입니다.

이상으로 다섯 가지의 절기를 알아보았는데 처음 두 절기인
유월절과 무교절이 하나로 연결되듯이 나중의 세 절기들인 나팔
절, 속죄일, 초막절도 하나로 연결되는 의미가 있습니다. 이 세
절기는 모두 같은 달에 속하는데 일곱째 달의 1일, 10일, 그리고
15일에서 21일까지입니다. 이 세 절기는 각각 회개, 죄사함, 구원
을 상징하는데 이것은 인간이 구원받는 순서와 일치합니다. 인
간이 회개하면 하나님께서 죄를 사하여 줌으로 구원받게 되는

것입니다. 이상으로 살펴본 것처럼 다섯 가지의 절기가 모두 인간의 구원과 관련되어 있으며 그 중에서도 특히 유월절은 구원의 시작을, 초막절은 구원의 완성을 상징하는 절기입니다.

다음은 초실절과 칠칠절에 대하여 살펴보겠습니다. 이 두 절기는 이미 설명한 다섯 절기와 다르게 정확한 날짜를 정하여 주지 않았습니다. 초실절을 정하는 기준은 이스라엘이 약속한 땅에 들어간 후 첫 곡물을 바치는 날입니다. 성경은 이 날이 몇 월며칠이라고 말하지 않습니다. 그리고 칠칠절은 초실절을 기준으로 50일 후에 지키는 것이므로 이 날도 정확한 날짜를 알 수 없습니다. 두 절기가 모두 안식일 다음 날이라고 만 명기하고있습니다. 그러나 이 두 절기의 의미를 이해하면 왜 날짜를 정할 필요가 없었는지를 알 수 있습니다. 레위기 23장 10절에서 12절까지 보겠습니다.

> "이스라엘 자손에게 말하여 이르라 너희는 내가 너희에게 주는 땅에 들어가서 너희의 곡물을 거둘 때에 너희의 곡물의 첫 이삭 한 단을 제사장에게로 가져갈 것이요" "제사장은 너희를 위하여 그 단을 여호와 앞에 기쁘게 받으심이 되도록 흔들되 안식일 이튿날에 흔들 것이며" "너희가 그 단을 흔드는 날에 일 년 되고 흠 없는 숫양을 여호와께 번제로 드리고" (레 23:10-12).

초실절은 예수께서 부활의 첫 열매가 될 것을 예언한 절기입니다. 지금 읽은 구절 중에서 첫 이삭은 예수께서 부활의 첫 열매인 것을 상징하며 안식일 다음 날에 이 예식을 하는 것은 예수께서 안식일 다음 날 부활하였기 때문입니다. 흠 없는 숫양 한 마리를 바치는 이유는 예수님이 죄 없는 하나님의 어린 양으로 상징되기 때문입니다. 예수님은 유월절인 첫째 달 15일 오후 세 시에 십자가에서 죽으시고 해질 무렵에 장사되었습니다. 그런 후 3일째에 부활하심으로 초실절의 날짜는 첫째 달 17일이 되는 것입니다. 구약에 초실절의 날짜를 명기하지 않았지만 예수님의 부활한 날로서 그 날짜를 알게 되었습니다.

다음은 칠칠절에 대하여 살펴보겠습니다. 레위기 23장 15절에서 17절까지를 보겠습니다.

"안식일 이튿날 곧 너희가 요제로 곡식단을 가져온 날부터 세어서 일곱 안식일의 수효를 채우고" "일곱 안식일 이튿날까지 합하여 오십일을 계수하여 새 소제를 여호와께 드리되" "너희의 처소에서 십분의 이 에바로 만든 떡 두 개를 가져다가 흔들지니 이는 고운 가루에 누룩을 넣어서 구운 것이요 이는 첫 요제로 여호와께 드리는 것이며" (레 23:15-17).

칠칠절은 초실절부터 50일째 되는 날에 지키는 절기입니다. 초실절은 주님의 부활을 상징하는 절기인데 주님 부활한지 50일 후는 오순절로서 성령을 부어준 날입니다. 즉 칠칠절은 오순절 성령강림을 예언한 절기입니다. 지금 읽은 말씀 중에 17절을 보면 누룩을 넣어서 떡을 구웠다고 하는데 보통의 제사에는 누룩을 넣지 않습니다. 왜냐하면 누룩은 죄를 상징하기 때문입니다. 그런데 칠칠절의 제사에서 누룩을 넣어 떡을 굽는 이유는 성령 받을 때 죄가 성령의 불로 태워지는 것을 의미하기 위한 것입니다.

오순절에 성령을 부으심으로써 지금은 이 절기의 상징적인 일이 실제로 이루어졌습니다. 그러므로 초실절과 칠칠칠을 지키는 것의 패러다임도 바뀌었다고 할 수 있습니다. 정해진 날에 어떠한 의례를 행함으로 이 두 절기를 지키는 것이 아닙니다. 물론 의례를 행할 필요가 없다는 뜻은 아닙니다. 이 두 절기를 다른 의미로 지킬 수 있다는 것입니다. 그것은 성령을 받고 주의 죽으심과 부활을 땅 끝까지 전하는 것입니다. 즉 성령 받고 전도하는 것이 이 두 절기를 가장 잘 기념하는 것이라고 할 수 있습니다. 그러므로 절기의 날짜를 정해 놓지 않은 것입니다. 예수님이 오기 천오백 년 전에 이미 절기를 만들어 주님의 부활과 성령강림을 미리 기념하게 한 하나님의 섭리가 놀랍습니다.

지금까지는 일곱 가지 절기에 대하여 그 의미와 지키는 방법 등에 관하여 개괄적으로 살펴보았습니다. 일곱 절기가 모두 인간의 구원과 관계 있다는 사실이 매우 놀랄 만합니다. 어떤 절기도 세상의 안락이나 물질의 풍요와 관련되지 않았습니다. 절기를 잘 지킴으로써 병이 나지 않거나 굶지 않게 되는 의미는 전혀 없습니다. 후손의 복을 비는 절기도 없습니다. 또한 하나님께서 제사 받기 위하여 절기를 만들지도 않았습니다. 오직 우리의 영혼을 구원하기 위하여 만든 것입니다. 다시 절기들의 의미를 정리하면 회개, 성령 세례, 죄사함, 부활, 구원입니다. 회개하여 성령 받고 죄사함을 얻어 영혼이 구원받아 마지막에는 부활하여 영원히 살게 되는 것입니다. 이 모든 것들을 의미하는 것이 하나님의 절기입니다.

지금부터는 절기들 중에서 유월절과 초막절에 대하여 좀더 깊이 있게 다루려 합니다. 그리하여 이 두절기가 휴거와 재림의 때를 어떻게 설명하고 계시하는지를 함께 풀어보겠습니다. 이것을 다루기 전에 먼저 여호와 하나님의 속성에 대하여 잠깐 나누겠습니다. 하나님은 인간을 창조한 창조주 하나님입니다. 또한 창조한 인간을 구원하는 구원주 하나님입니다. 우리는 이미 창조되었습니다. 그러므로 하나님께서 우리에게 역사하는 모든 일은 구원과 관련됩니다. 다시 말하면 현재 여러분에게 일어나는 모든 일은 여러분의 영혼을 구원하기 위한 하나님의 뜻이 들어있습니다.

여러분이 형통하여도 구원하려는 것이고 일이 막혀도 구원하려는 것입니다. 교통사고가 나도, 사업이 실패해도 구원하기 위한 것입니다. 갑자기 간암 말기 판정을 받아도 구원하기 위한 것이며 그 암이 어느 날 갑자기 없어져도 하나님께서 구원하려는 것입니다. 병으로 젊었을 때 죽는 일이 있어도 그것은 그 영혼을 구원하기 위한 섭리 가운데서 일어난 것입니다. 하나님께서는 궁

극적으로 우리 인간에게 바라는 것이 한가지 있는데 그것은 바로 우리 영혼이 구원받는 것입니다. 하나님께서 여러분과 관련하여 가장 우선으로 마음을 쓰는 것은 바로 여러분 자신의 구원입니다. 여러분의 자녀나 부모의 구원도 아닙니다.

또한 하나님께서는 인간 모두가 구원받기를 원합니다. 그리하여 하나님께서 하신 가장 위대한 일이 예수 그리스도를 보내어 십자가에서 피 흘려 죽게 한 것입니다. 그런데 하나님께서는 인간을 구원하기 위하여 하신 또 다른 큰 일이 하나 있습니다. 그것은 바로 절기를 만들어 지키게 한 것입니다. 조금 전에 살펴본 것처럼 모든 절기가 소중하며 잘 지켜야하는 것입니다. 그러나 여러 절기 중에도 유월절과 초막절은 인간의 구원과 직접 관련되는 특별한 절기라 할 수 있습니다.

지금부터는 구원을 상징하는 유월절과 초막절에 대하여 조금 더 자세히 살펴보겠습니다. 유월절과 초막절이 모두 구원을 상징하지만 그 의미에는 차이점이 있습니다. 그러므로 지키는 예식도 다릅니다. 그 차이점을 살펴보겠습니다.

유월절은 양의 피를 문설주에 바르고 구원받은 날이지만 그 후 무교절 7일 동안에는 죄를 상징하는 누룩이 든 떡은 먹지도, 집에 두지도 말아야 합니다. 즉 한번 구원받았더라도 계속 죄를 멀리하고 계명을 지켜야 구원이 완성된다는 뜻이 있는 것입니다. 실제로 유월절에 양의 피를 문설주에 바르고 출애굽한 이스라엘 성인 남자 중에는 둘만 구원받아 가나안에 들어갔고 나머지

육십만 명은 구원에 실패하였습니다. 민수기 26장 64절, 65절을 보겠습니다.

"모세와 제사장 아론이 시내 광야에서 계수한 이스라엘 자손은 한 사람도 들지 못하였으니" "이는 여호와께서 그들에게 대하여 말씀하시기를 그들이 반드시 광야에서 죽으리라 하셨음이라 이러므로 여분네의 아들 갈렙과 눈의 아들 여호수아 외에는 한 사람도 남지 아니하였더라" (민 26:64-65).

유월절에 한번 뿌린 어린 양의 피가 애굽을 나오는 구원은 이루었지만 가나안까지 인도하지는 못했습니다. 즉 유월절은 구원의 시작을 의미하는 절기입니다.

초막절은 같은 구원을 상징하지만 지키는 의식이 유월절과 다릅니다. 초막절에는 나뭇가지를 꺾어 흔들며 즐거워하는 것입니다. 죄를 상징하는 누룩이 들어간 떡을 금하지 않습니다. 무교병을 먹으며 근신하는 것이 아닙니다. 왜냐하면 구원이 성취된 것이기 때문입니다. 즉 초막절은 구원의 완성을 의미하는 절기입니다. 구원이 완성되었으므로 기뻐하는 예식을 하는 것입니다. 7일 내내 즐거워하라고 명하십니다. 레위기 23장 40절을 보겠습니다.

"첫 날에는 너희가 아름다운 나무 실과와 종려나무 가지와 무성한 나무 가지와 시내 버들을 취하여 너희의 하나님 여호와 앞에서 이레 동

휴거 되는 성도들

안 즐거워할 것이라"(레 23:40).

유월절과 초막절의 예식에는 다른 것이 또 하나 있습니다. 유월절은 첫째 날과 일곱째 날 모두 안식일이며 성회로 모이는 날입니다. 그러나 초막절에는 첫 날만 안식일이고 성회로 모입니다. 일곱째 날은 안식일도 아니고 성회로 모이지도 않습니다. 그 대신에 초막절이 끝난 다음 날이 안식일과 성회로 모이는 날로 정해져 있습니다.

이날은 히브리어로 쉐미니 아쯔렛 (Shmini Atzeret) 이라고 부르는데 "여덟째 날 성회" 라는 뜻입니다. 그런데 이 날의 성회는 다른 모든 절기에 비교하여 특별한 성회의 날입니다. 그래서 성경에도 장엄한 대회, 거룩한 대회라고 부릅니다. 민수기 29장 35절과 레위기 23장 36절을 보겠습니다.

"여덟째 날에는 장엄한 대회로 모일 것이요 아무 일도 하지 말 것이며"(민 29:35).
"이레 동안에 너희는 여호와께 화제를 드릴 것이요 여덟째 날에도 너희는 성회로 모여서 여호와께 화제를 드릴지니 이는 거룩한 대회라 너희는 어떤 노동도 하지 말지니라"(레 23:36).

8일째 성회를 가장 위대한 성회로 여기는 이유가 있는데 그 이유를 알기 전에 먼저 숫자의 성경적인 의미를 알아야합니다. 7은 성경에서 완전 수, 완벽한 것을 의미합니다. 그래서 완벽한 하나님께서 가장 즐겨 쓰는 수입니다. 7은 성경에서 삼백 번 이상 소개됩니다. 그런데 8에 관하여는 그 의미가 잘 알려져 있지 않습니다. 8은 새로 시작하는 의미의 수인데 완성 후에 새롭게 시작한다는 의미입니다. 즉 7로 완전하게 마무리 짓고 다시 8로 시작하는 것입니다. 할례를 태어난 지 7일째 받지 않고 8일째 받는 것도 같은 상징적인 의미가 있습니다. 아기가 7일간 살아있으면 완전히 생존한 것으로 간주하고 8일째에 할례를 하는 것입니다. 8일째에 구원받은 인간으로서 새롭게 시작한다는 의미입니다. 그러므로 이름도 8일째 되어야 지어 줍니다.

초막절이 구원의 완성을 뜻하므로 완전수인 7일을 지낸 후 그 다음 날인 8일째에 새롭게 구원받은 사람이 되어 가장 특별한 성회를 하는 것입니다. 즉 이 날은 천국에 들어가는 날을 상징하는 날입니다. 완전히 구원이 성취되었으므로 천국에서 크게 기뻐하는 특별한 의미의 날입니다. 그러므로 8일째 성회를 모든 성회들 중에서도 가장 장엄하고 거룩한 대회라고 칭하는 것입니다.

앞으로 두 번의 구원의 때가 있습니다. 한번은 주님이 오셔서 자신의 성도들을 데려가는 휴거이고 다른 한번은 대환난이 끝나고 주님께서 지상으로 재림하는 것입니다. 지금까지 절기에 대하여 배운 지식을 근거로 하면 이 두 차례의 큰 사건이 절기와 상관이 있을 것이라는 영감을 받게 됩니다. 그럼에도 불구하고 그 날과 시간은 아무도 모른다고 하였습니다. 주님은 특별한 절기와 관련한 때에 오지 않을 수도 있습니다. 절기를 맞추어 주님을 기다리라는 뜻도 아닙니다. 휴거는 지금 이 설교를 듣는 중에도 일어날 수 있습니다. 그러므로 교회는 어느 때라도 회개와 거룩함으로 들림 받을 준비가 되어있어야 합니다.

그러나 절기의 의미를 잘 이해하는 것은 중요합니다. 영적으로 깨어 있게 하고 성경의 계시를 푸는데도 유익합니다. 또한 하나님께서 대대로 지키라고 명하였음으로 절기들은 반드시 지켜져야 합니다. 절기를 알고 지키는 사람들에게 휴거의 때에 대한 계시가 열리기를 곧 오실 메시아 우리 주 예수 그리스도의 이름으로 축원합니다.

"무화과나무의 비유를 배우라 그 가지가 연하여 지고 잎사귀를 내면 여름이 가까운 줄을 아나니" "이와 같이 너희도 이 모든 일을 보거든 인자가 가까이 곧 문 앞에 이른 줄 알라"

마태복음 24:32-33

"곧 그 통치 원년에 나 다니엘이 책을 통해 여호와께서 말씀으로 선지자 예레미야에게 알려 주신 그 연수를 깨달았나니 곧 예루살렘의 황폐함이 칠십 년 만에 그치리라 하신 것이니라"

다니엘 9:2

6
무화과나무의 비유를 배우라

휴거의 때를 알려면 나무를 보십시오. 무화과나무에 휴거의 비밀이 숨어있습니다. 성경은 나무를 상징으로 사용합니다. 그 중에 대표적인 세 종류의 나무는 포도나무와 무화과나무와 감람나무입니다. 포도나무는 그리스도를, 무화과나무는 이스라엘을, 감람나무는 기름 부음 받은 자를 상징합니다. 이 나무들이 성경에 가장 많이 소개되는 이유는 이처럼 매우 중요한 세 가지를 상징하기 때문입니다. 또한 각 나무의 비유는 그 나무들의 특성과 관계가 있습니다.

무화과나무는 식물학적 특징이 이스라엘을 비유하도록 지어졌다는 것을 알게 되면 매우 놀랍습니다. 일 년에 두 차례 열매를 수확할 수 있는 나무는 무화과나무 밖에 없습니다. 그러므로 무화과나무를 말 할 때는 종종 처음 익은 열매라는 표현이 함께 옵니다. 이 처음 익은 열매의 의미는 봄과 가을 두 번 맺는 열매 중에 봄에 맺는 열매라는 뜻입니다. 무화과나무의 첫 열매를 표현하는 구절 몇 곳을 보겠습니다. 나훔 3장 12절을 보겠습니다.

"네 모든 산성은 무화과나무의 처음 익은 열매가 흔들기만 하면 먹는 자의 입에 떨어짐과 같으리라" (나 3:12).

다음은 미가 7장 1절을 보겠습니다.

"재앙이로다 나여 나는 여름 과일을 딴 후와 포도를 거둔 후 같아서 먹을 포도송이가 없으며 내 마음에 사모하는 처음 익은 무화과가 없도다" (미 7:1).

이사야 28장 4절에도 같은 표현이 있습니다.

"그 기름진 골짜기 꼭대기에 있는 그의 영화가 쇠잔해 가는 꽃이 여름 전에 처음 익은 무화과와 같으리니 보는 자가 그것을 보고 얼른 따서 먹으리로다" (사 28:4).

이처럼 무화과는 처음 익은 열매라는 표현과 함께 쓰이지만 다른 과실을 말할 때는 처음 익은 열매라는 표현을 사용하지 않습니다. 그렇다면 이스라엘을 상징하는 무화과나무만 두 번 열매를 맺는 이유가 무엇일까요? 그 이유를 설명하기 전에 무화과의 첫 열매와 두 번째 열매의 차이에 대하여 말씀을 드리겠습니다. 우선 첫 열매는 이른 봄에 열리는데 잎사귀 보다 먼저 열립니다. 일찍 열리지만 그 크기는 가을 열매보다 작고 열리는 양도 적으며 신맛이 많으므로 가을 열매보다 못합니다.

둘째 열매는 늦여름에서 초가을에 열리는데 열매도 크고 열리는 양도 많으며 맛도 좋습니다. 보통은 이 때를 무화과를 결실하는 때로 이해합니다. 여기서 작고 맛없는 첫 열매는 이스라엘을 상징하며 크고 맛있는 두번째 열매는 이방인을 상징합니다. 그리스도의 복음을 처음 들은 이스라엘은 복음을 받아들이지 않고 나중에 복음을 들은 이방인이 오히려 부흥한 것을 상징하는 것입니다. 마가복음 11장 12절에서 14절까지를 보겠습니다.

"이튿날 그들이 베다니에서 나왔을 때에 예수께서 시장하신지라" "멀리서 잎사귀 있는 한 무화과나무를 보시고 혹 그 나무에 무엇이 있을까 하여 가셨더니 가서 보신 즉 잎사귀 외에 아무 것도 없더라 이는 무화과의 때가 아님이라" "예수께서 나무에게 말씀하여 이르시되 이제부터 영원토록 사람이 네게서 열매를 따 먹지 못하리라 하시니 제자들이 이를 듣더라" (막 11:12-14).

주님께서는 잎사귀만 무성한 무화과나무를 저주합니다. 그런데 여기서 한가지 질문이 있을 수 있습니다. 그것은 위의 구절 중에 무화과의 때가 아님이라는 부분에 관한 것입니다. 무화과의 때가 아니므로 열매를 맺지 않았는데 왜 주님께서 무화과나무가 열매를 맺지 않았다고 저주를 하는가에 관한 것입니다. 이것은 앞에서 설명한 무화과나무의 특성을 모르면 이해할 수 없는 것입니다. 이 일은 유월절 며칠 전인 봄에 일어난 일입니다. 봄에는 무화과나무가 첫 열매를 이미 맺어야 하는 것입니다. 첫 열매는 잎보다도 먼저 열리므로 잎사귀가 무성하다면 첫 열매가 꽤 있어야하는 것인데 없음으로 저주한 것입니다. 그런데 무화과의 때가 아니라고 말씀한 것은 사람들은 일반적으로 무화과의 때는 가을로 생각하기 때문에 그런 것입니다.

무화과나무에 열매가 없고 잎만 무성한 것은 그 당시 이스라엘의 영적인 상태, 믿음의 상태를 상징하는 것입니다. 그 당시에 유대인들의 신앙을 지도한 사람들은 바리새인, 장로, 서기관들이었습니다. 이들은 항상 예수님의 책망의 대상이었으며 위선자들이고 거짓 주의 종들이었습니다. 그들은 그야말로 잎사귀만 무성한 무화과나무인 것이었습니다. 그러므로 그들에게서 영적인 영양분을 섭취하여 믿음의 열매를 맺어야 할 일반 백성들도 열매를 맺을 수 없었던 것입니다. 이러한 것을 아시는 주님께서 무화과나무를 저주한 것은 그들의 믿음 없음을 지적한 것이며 동시에 이스라엘의 운명을 상징적으로 예언한 것이었습니다.

이처럼 무화과나무는 이스라엘을 상징하며 특별히 그 중에서도 첫 열매는 더욱 이스라엘을 상징하는 것입니다. 나무 한 그루도 이렇게 깊은 뜻을 가지고 지어졌습니다. 무화과나무가 이스라엘을 상징한다는 것을 깨닫는 것은 주님께서 남긴 마지막 때에 관한 예언을 이해하기 위해서도 매우 중요합니다. 주님은 마지막 때에 일어날 징조에 대하여 제자들에게 말씀을 할 때 많은 징조들 중에서 매우 독특한 비유를 하는 것이 하나 있습니다. 그것은 바로 본문에 주어진 마태복음 24장 32절, 33절의 말씀입니다.

"무화과나무의 비유를 배우라 그 가지가 연하여 지고 잎사귀를 내면 여름이 가까운 줄을 아나니" "이와 같이 너희도 이 모든 일을 보거든 인자가 가까이 곧 문 앞에 이른 줄 알라" (마 24:32-33).

이 구절은 단순히 나무의 변화에서 지혜를 얻어 마지막 때를 분별해보라는 의미가 아닙니다. 이 말씀은 이스라엘의 변화와 세상 끝이 상관이 있다는 말씀입니다. 설교 서두에 무화과나무가 이스라엘을 상징한다는 말씀을 상세히 한 이유가 여기 있는 것입니다. 주님께서는 세상 끝의 징조에 대하여 미혹, 전쟁, 기근, 지진 등 상당히 많은 것을 말씀하였습니다. 이렇게 많은 마지막 때에 관한 예언의 말씀에 비하면 본문의 말씀은 매우 적은 부분입니다. 그러나 두 절 밖에 되지 않는 짧은 말씀 안에는 큰 계시가 숨어있습니다. 그 뜻을 바르게 해석한다면 다른 어떤 징조보다 더 확실한 징조로서 휴거의 때에 관한 계시가 열릴 것입니다.

지금까지는 마지막 때를 분별하기 위하여는 무화과나무가 이스라엘을 상징한다는 것을 이해하는 것이 중요하다는 것에 대하여 말씀을 드렸습니다. 이제부터는 성경에서 보여주는 이스라엘의 의미와 이스라엘의 현대 역사에 대하여 고찰을 함으로써 본문 말씀의 의미를 구체적으로 풀어보고자 합니다.

성경은 처음부터 끝까지 이스라엘에 관한 이야기입니다. 성경을 보면 하나님께서 아담을 지은 후 야곱에게 이르기까지 몇 년이 걸렸는지 정확하게 산정할 수 있습니다. 하나님은 아담을 지은 후 2108년째 되는 해에 야곱을 탄생시켰습니다. 야곱의 새 이름이 이스라엘이므로 다시 말하면 천지를 창조한 후 2108년 만에 이스라엘을 낳은 것입니다. 성경은 야곱이 아담의 22대손이라는 것과 아담에서 야곱까지 모든 족보의 이름과 자손을 낳은 햇수를 정확하게 기록하고있는데 야곱 이후로는 그러한 기록이 없습니다. 즉 야곱 이후로는 누가 몇 살에 누구를 낳았는지에 대한 기록이 없습니다. 이러한 사실로 미루어 보아도 창세기 때부터 하나님께서 이스라엘을 특별하게 하였다는 것을 쉽게 상상할 수 있습니다. 그 후에 하나님의 계명을 먼저 받은 백성도 이스라엘이었고 애굽에서 구원의 역사를 이루어 간 대상도 이스라엘이었습니다. 로마서 9장 4절, 5절을 보겠습니다.

"그들은 이스라엘 사람이라 그들에게는 양자 됨과 영광과 언약들과 율법을 세우신 것과 예배와 약속들이 있고" "조상들도 그들의 것이요 육신으로 하면 그리스도가 그들에게서 나셨으니 그는 만물 위에 계셔서 세세에 찬양을 받으실 하나님이시니라 아멘"(롬 9:4-5).

이 구절은 이스라엘이 하나님께 특별한 민족이라는 것을 잘 보여줍니다. 하나님의 독생자 예수님도 이스라엘 사람이었고 예수님은 지금 천국에서도 이스라엘 유다 지파의 사자라고 불립니다. 이처럼 이스라엘은 하나님께 특별하며 소중한 민족입니다. 이러한 이스라엘의 의미가 현재도 동일하다는 것입니다. 하나님의 관심의 중심에는 이스라엘이 있습니다. 그들이 예수를 믿지 않아도 하나님께서는 자신의 예언을 이루기 위하여 그들을 돌봅니다.

이스라엘은 세계 인구의 0.1퍼센트 밖에 되지 않는데 유엔 안보리의 의결 중 70퍼센트가 이스라엘 관련 의결입니다. 세계 면적의 7천 분의 1밖에 차지하지 않음에도 세계 뉴스의 토픽을 가장 많이 장식하는 나라 중에 하나가 이스라엘입니다. 이것은 전 세계인이 이스라엘을 계속 주목하도록 하는 하나님의 섭리입니다. 즉 하나님께서는 세계의 중심이 이스라엘이고 이스라엘의 중심이 예루살렘이라는 원칙을 현대 역사에도 암시하고 있는 것입니다. 이처럼 이스라엘의 중요성은 현대 역사 안에서도 그 의미를 상실하지 않았으며 마지막 때와 관련하여 주목해야 할 민족인 것입니다. 그러므로 주님께서 세상 끝 날과 관련하여 무화과나무의 비유를 배우라는 당부를 한 것입니다.

그렇다면 본문 말씀의 뜻을 풀어보겠습니다. 무화과나무의 가지가 연하여 진다는 것은 이스라엘이 국가를 다시 세운다는 의미입니다. 이 예언은 1948년 5월 14일에 이루어졌습니다. 국가가 없어진지 이천 년 만에 같은 장소에 이스라엘 국가를 다시 회복하였는데 이것은 20세기의 가장 위대한 하나님의 예언의 성취입니다.

마지막 때에 흩어진 이스라엘이 다시 원래의 땅으로 돌아온다는 예언은 성경의 여러 곳에서 찾을 수 있습니다. 그 중 몇 곳을 보겠습니다. 에스겔 36장 24절을 보겠습니다.

"내가 너희를 여러 나라 가운데에서 인도하여 내고 여러 민족 가운데에서 모아 데리고 고국 땅에 들어가서" (겔 36:24).

이 구절은 이스라엘 백성이 여러 나라들로부터 인도되어 고국으로 들어갈 것이라고 말씀합니다. 다음은 에스겔 37장 12절을 보겠습니다.

"그러므로 너는 대언하여 그들에게 이르기를 주 여호와께서 이같이 말씀하시기를 내 백성들아 내가 너희 무덤을 열고 너희로 거기에서 나오게 하고 이스라엘 땅으로 들어가게 하리라" (겔 37:12).

이 구절은 이방 땅에 사는 것을 무덤에 있는 것으로 표현을 합니다. 그 무덤을 열고 살려내어 고국으로 돌아오게 한다고 예

휴거 되는 성도들

언합니다. 이 말씀은 마지막 때에 이스라엘은 고국으로 돌아와야 구원받는다는 의미가 있는 것입니다. 다음은 스가랴 8장 7절과 8절을 보겠습니다.

> "만군의 여호와가 이같이 말하노라 보라, 내가 내 백성을 해가 뜨는 땅과 해가 지는 땅에서부터 구원하여 내고" "인도하여다가 예루살렘 가운데에 거주하게 하리니 그들은 내 백성이 되고 나는 진리와 공의로 그들의 하나님이 되리라" (슥 8:7-8).

동서로부터 하나님의 백성을 인도하여 예루살렘에 거주하게 한다고 말씀합니다. 이 외에도 이스라엘이 본토로 다시 돌아온다는 예언은 구약 성경에 더 많이 있습니다. 그리고 그리스도께서도 무화과나무를 비유하여 이스라엘이 다시 세워질 것을 예언하였습니다.

다음은 잎사귀를 낸다는 것의 비유에 대하여 살펴보겠습니다. 잎사귀를 내기 위하여는 가지가 있어야 합니다. 그리고 그 가지가 연하여 져야 합니다. 즉 잎사귀가 난다는 의미는 가지가 연하여진 후 즉 이스라엘이 독립된 후에 발생해야 할 일입니다. 그렇다면 이스라엘의 독립 후에 어떠한 중요한 일들이 발생하였는지를 상고를 해 봄으로서 그 답을 찾을 수 있을 것입니다. 이 답을 찾기 위하여 우선 예수를 믿는 이스라엘 사람들의 역사를 간단히 살펴보겠습니다.

예수께서 복음을 전한 후 그 당시 이스라엘에는 수만 명 정도의 크리스천이 있었습니다. 그러나 얼마 지나지 않아 핍박이 심해지자 크리스천들은 이스라엘을 떠나 흩어졌습니다. 그리고 주후 70년에는 예루살렘성이 로마에 의해 멸망하여 백만 명이 죽임을 당하고 20만 명이 포로로 끌려감으로써 이스라엘은 국가가 없어졌습니다. 예수를 믿는 유대인들은 그 전에 대부분 다른 나라로 흩어졌습니다. 이방 나라에서 예수를 믿던 유대인들은 같은 동족인 유대인들에게는 예수를 믿음으로 배척을 당하였고 이방 기독교인들과는 유대인의 정체성에 대한 거부감으로 하나가 되기 어려웠습니다. 그리하여 유대인들 사이에 복음이 전해지고 부흥한다는 것은 어려운 일이었습니다.

그럼에도 불구하고 7세기까지는 유대인 크리스천들이 존재하였습니다. 그러나 7세기경 이슬람이 떠오르기 시작하면서 유대인 믿는 자들의 자취는 거의 찾아볼 수 없게 되었습니다. 그 후로 약 천 년간 유대인 크리스천에 대한 역사는 기록이 거의 없습니다. 다시 유대인 믿는 사람들이 나타나기 시작한 것은 18세기 말에서 19세기 초에 유럽에서 선교각성 운동이 있을 때였습니다. 그리하여 1900년대에 그리스도를 믿게 된 유대인이 약 25만 명 정도였다는 기록이 있습니다. 그 결과로 이스라엘이 독립하는 1948년에 소수의 기독교인 유대인들이 조국으로 돌아오게 되며 이들을 통하여 1967년부터 이스라엘에서는 복음을 전하는 움직임이 새롭게 시작되었습니다.

휴거 되는 성도들

이상으로 이스라엘의 기독교 역사를 대략적으로 살펴본 이유는 유대인들이 먼저 복음을 받았음에도 아직도 그리스도를 믿는 사람들이 거의 없을 수밖에 없는 배경과 그럼에도 불구하고 1960년대 말부터 다시 유대인들이 예수를 믿기 시작했다는 사실을 말씀드리기 위한 것입니다. 유대인들이 다시 예수를 믿기 시작한 것은 본문의 "무화과 나무가 잎사귀를 내면" 이라는 말씀이 응한 것입니다. 즉 "무화과 나무가 잎사귀를 내면" 이라는 말씀은 "이스라엘 사람들이 그리스도를 믿기 시작하면" 이라는 의미입니다. 그리고 "여름이 가까운 줄 알라" 라는 말씀의 의미는 본문에 설명된 것처럼 "인자가 가까이 온 줄 알라" 라는 뜻입니다.

따라서 주님께서 비유로 주신 "그 가지가 연해지고 잎사귀를 내면 여름이 가까운 줄을 아나니" 라는 말씀은 "이스라엘이 독립하고 유대인이 예수를 믿으면 휴거가 가까운 줄을 알라" 라는 뜻으로 말씀한 것입니다. 이스라엘 국가가 세워졌고 이스라엘에는 지금 약 이만 명 정도의 유대인들이 예수를 믿고 있습니다. 그러니 주님께서 오실 때가 된 것입니다. 주님께서는 이러한 것을 깨닫게 하기 위하여 무화과나무의 비유를 배워서 알라고 당부한 것입니다. 이스라엘을 아는 것이 마지막 때를 아는 것입니다.

이제부터는 조금 더 구체적으로 그 때에 관하여 풀어보고자 합니다. 지금이 마지막 때인데 그 때가 얼마나 가까운지를 이스라엘의 독립 년도와 예루살렘의 통일 년도를 기준으로 현재까지 지나온 햇수를 헤아려 그 햇수가 갖는 의미를 살펴보고자 합니다. 이스라엘은 1948년에 국가를 다시 세웠습니다. 그 동안 아랍국가들과 세 차례의 큰 전쟁이 있었지만 하나님이 지켜주었습니다. 이들의 대부분이 아직 예수를 믿지 않지만 하나님께서는 예언의 성취를 위하여 모든 전쟁에서 이스라엘이 승리하도록 하였고 지금까지 지켜주었습니다. 그리하여 2018년은 이스라엘이 건국한 70년째가 됩니다.

지금부터는 성경에서 70년의 기간이 갖는 의미에 대하여 살펴보겠습니다. 두번째 본문 말씀 다니엘 9장 2절을 다시 보겠습니다.

"곧 그 통치 원년에 나 다니엘이 책을 통해 여호와께서 말씀으로 선지자 예레미야에게 알려 주신 그 연수를 깨달았나니 곧 예루살렘의 황폐함이 칠십 년 만에 그치리라 하신 것이니라" (단 9:2).

이 구절이 말씀하는 70년의 기간은 두 종류가 있습니다. 하나는 이스라엘이 바벨론 왕을 섬기는 기간으로 BC 608년에서 BC 538년까지의 기간입니다. 또 다른 하나의 70년은 바벨론의 침략으로 예루살렘 성전이 불탄 후 새로운 성전이 완성되기까지의 기간으로 BC 586년에서 BC 516년까지입니다. 이 두 가지 일이 이루어지는데 동일하게 70년이 걸렸으며 이 일은 예루살렘이 회복된 것을 의미합니다.

하나는 바벨론으로부터 해방된 육의 회복이며 다른 하나는 성전 재건축이라는 영적인 회복입니다. 이 일들은 약 20년의 간격을 두고 육의 회복이 먼저 있고 다음에 영적인 회복이 있었습니다. 여기에서 70년의 기간이 갖는 의미를 발견할 수 있습니다. 70년은 회복이 이루어지는 기간의 의미가 있는 것입니다. 이러한 70년의 의미를 지금의 이스라엘 건국 역사에 적용을 해보겠습니다.

이스라엘은 1948년에 독립하였는데 현재 예수를 믿는 사람들은 이만 명 정도로 전체 유대인 인구의 3퍼센트도 되지 않습니다. 온 이스라엘이 구원을 받을 것이라는 로마서 11장 26절의 예언이 성취되기에는 너무도 작은 수입니다. 그러나 70년 기간의 의미를 적용하면 건국 70년째 되는 해인 2018년에는 이스라엘에 어떤 회복을 의미하는 일이 일어나야 할 것입니다. 이스라엘의 영적 회복은 예수를 믿고 구원받는 것입니다. 다시 말하면 2018년부터는 유대인들 중에 더 많은 사람들이 예수를 믿게 되는 부흥이 시작될 것이라는 영감을 받는 것입니다.

무화과나무의 비유를 다시 한번 상기해보기 바랍니다. 잎사귀가 나면 여름이 온 줄로 알라고 했습니다. 잎사귀가 무성해지거나 열매를 많이 맺으면 여름이 온 줄로 알라고 하지 않았습니다. 즉 예수를 믿는 유대인이 일어나기 시작하면 주님이 온다는 뜻이지 믿는 유대인이 크게 늘어나면, 또는 대부분이 믿게 되면 주님이 온다는 뜻이 아닙니다. 그러므로 믿는 유대인이 아직 많지는 않지만 부흥의 조짐을 보이는 지금이 바로 주님이 오실 때인 것입니다.

이상으로 무화과나무의 비유와 이스라엘의 독립이 보여주는 마지막 때의 징조에 대하여 자세히 살펴본 것처럼 이스라엘은 마지막 때의 징조를 가장 뚜렷하게 보여주는 나라입니다. 미국이나 한국이 마지막 때의 사인으로 사용되지 않습니다. 중국이나 러시아가 변하는 모습으로 마지막 때를 예견할 수 없습니다. 주님께서는 무화과나무의 변화를 보아 주님이 오는 때를 알라고 하였으며 무화과나무는 이스라엘입니다. 그러니 이스라엘을 알지 못하고는 주님이 오는 때, 휴거의 때를 알 수 없습니다.

우리는 이스라엘을 주목해야 할 뿐 더러 성경은 이방인들이 이스라엘의 신세를 졌으므로 그 신세를 갚을 것을 말씀합니다. 또한 예루살렘을 축복하라고도 말씀합니다. 이스라엘의 현대 역사에 휴거의 날에 대한 계시가 들어있다는 것을 깨달을 수 있는 것은 하나님의 은혜입니다. 이것을 알게 하는 이유는 더 잘 준비하도록 하기 위한 것입니다.

그러나 그 날과 시간은 아무도 모릅니다. 그러므로 우리는 본향으로 돌아갈 그 날을 위하여 항상 준비되어야 하며 지금 당장 준비되어 있어야 합니다. 하나님의 도성 예루살렘과 거룩한 성도들의 교회 위에 하나님의 나팔소리가 울려 퍼질 그 날을 간절히 사모하기를 예수 그리스도의 이름으로 축복합니다.

휴거 되는 성도들

"하나님이 이르시되 하늘의 궁창에 광명체들이 있어 낮과 밤을
나뉘게 하고 그것들로 징조와 계절과 날과 해를 이루게 하라"

창세기 1:14

"일월 성신에는 징조가 있겠고 땅에서는 민족들이 바다와 파도
의 성난 소리로 인하여 혼란한 중에 곤고하리라"

누가복음 21:25

7
해가 검어지고 달은 피같이 되며

구원을 상징하는 유월절에는 보름달이 뜹니다. 또 다른 구원을 상징하는 절기인 초막절에도 보름달이 보입니다. 이 원칙은 절기가 만들어진 이래로 변한적이 없습니다. 그러나 재앙의 날에는 어둡습니다. 해도 달도 빛을 잃습니다. 이것도 하나님의 변하지 않는 섭리입니다. 하나님께서는 우주 만물을 창조하고 조화롭게 움직이도록 하였으며 모든 피조물은 창조된 목적이 있습니다.

본문 첫째 구절은 하나님께서 광명체들을 만든 목적이 첫번째는 밤 낮이 나뉘게 하는 것이고 두번째는 징조로 사용하기 위한 것이라고 합니다. 즉 해와 달이 어떤 일이 일어날 표시로 사용되기 위하여 만들어 졌다는 것입니다. 세번째로 언급한 것이 계절이라고 하였는데 절기라는 의미로 쓰인 것입니다. 해와 달로 계절이 정해지지는 않습니다. 해와 달의 움직임을 기준으로 하나님의 절기를 정한 것입니다. 그리고 마지막의 목적이 몇 월 며칠을 정하는 달력을 만드는데 사용하는 것입니다.

해와 달을 여러가지 목적으로 지었는데 이번 설교에는 그 목적들 중에서 징조에 관한 것을 다루려고 합니다. 하나님께서는 해와 달, 별을 통하여 무엇인가를 말씀하며 이에 관하여는 예수님도 언급하였습니다. 본문 중 두번째 말씀을 보겠습니다.

> "일월 성신에는 징조가 있겠고 땅에서는 민족들이 바다와 파도의 성
> 난 소리로 인하여 혼란한 중에 곤고하리라" (눅 21:25).

이 구절은 땅에서 환난이 있을 때 해, 달, 별에 어떤 징조가 있다고 말씀합니다. 하나님께서 이러한 징조를 보여주는 이유는 징조를 보고 무슨 뜻인지를 알아서 대비를 하라는 뜻입니다. 야구 시합을 할 때 감독이 선수들에게 사인을 보내는 이유는 그 사인을 이해하고 무엇인가를 하라는 뜻입니다. 마찬가지로 하나님께서 하늘의 광명체의 움직임이나 밝기 등을 통하여 인간들에게 신호를 보내는 것이므로 인간들은 그 신호를 해석하여 행동을 해야 하는 것입니다. 그렇다면 어떤 일이 발생할 때 어떠한 징조가 있는지에 대한 지식이 우선 필요할 것입니다.

야구 감독도 선수들에게 사인의 의미를 모두 가르친 후에 시합을 해야 하는 것처럼 하나님께서도 인간들에게 이러한 신호의 의미를 미리 가르치고 신호를 보낼 것입니다. 하나님께서 어떤

휴거 되는 성도들

방법으로 해와 달의 징조를 가르치는지를 살펴보겠습니다. 크게
두 가지로 나누어 상고해보겠습니다. 첫째는 성경 안에서 보여
주는 해와 달의 징조에 관하여 살펴보겠고 둘째는 천문학에 나
타난 일식, 월식의 기록과 역사적인 사건들을 연관시켜 살펴보겠
습니다. 우선 성경에서 보여주는 해와 달의 징조에 대하여 살펴
보겠습니다.

성경에서 해와 달과 관련하여 보여주는 징조는 생각보다 단
순합니다. 밝은 날은 구원의 의미입니다. 빛은 생명을 뜻합니다.
반대로 어둠은 심판과 환난을 뜻하며 사망을 의미합니다. 쉽게
말하면 해와 달이 어두워지면 무엇인가 좋지 않은 일이 일어날
것의 징조라는 것입니다. 좋은 일의 징조는 성경에서 별로 언급
되지 않습니다. 대부분이 해와 달이 어두워지는 징조에 대하여
말씀합니다. 그런데 이러한 징조에 대한 말씀을 잘 묵상함으로
써 휴거와 마지막 환난의 때에 대한 계시를 성경 안에서 찾을 수
있습니다.

성경에는 심판의 날에 어두워진다는 구절들이 상당히 많은데
그 중 몇 곳을 보겠습니다. 그 전에 이해를 돕기 위하여 성경에
서 말씀하는 주의 날 또는 여호와의 날의 의미를 잠깐 설명하겠
습니다. 성경은 주의 날 또는 여호와의 날이라는 표현이 많이 나
옵니다. 이 말은 심판의 날 의미로만 쓰입니다. 주님 부활하신
날의 의미로도 사용되지 않았을 뿐 더러 심판의 날 외의 다른 의
미로 쓰인 적이 없습니다. 이 사실을 참고로 숙지하고 심판의 날

에 어두워지는 것을 말씀하는 구절들을 살펴보겠습니다. 아모스 5장 18절과 20절을 보겠습니다.

"화 있을진저 여호와의 날을 사모하는 자여 너희가 어찌하여 여호와의 날을 사모하느냐 그 날은 어둠이요 빛이 아니라"(암 5:18).
"여호와의 날은 빛 없는 어둠이 아니며 빛남 없는 캄캄함이 아니냐"(암 5:20).

여호와의 날은 심판의 날 즉 어둠의 날이므로 사모하지 말라고 합니다. 다음은 에스겔 32장 7절 8절을 보겠습니다.

"내가 너를 불 끄듯 할 때에 하늘을 가리어 별을 어둡게 하며 해를 구름으로 가리며 달이 빛을 내지 못하게 할 것임이여" "하늘의 모든 밝은 빛을 내가 네 위에서 어둡게 하여 어둠을 네 땅에 베풀리로다 주 여호와의 말씀이니라"(겔 32:7-8).

이 구절은 하나님께서 애굽을 심판하면서 한 말씀입니다. 불 끄듯 한다는 말의 의미는 심판한다는 것입니다. 그리고 이 구절에서 말씀하는 어둠은 상징적인 표현들이 아닙니다. 실제로 날이 어두워지는 것을 의미합니다. 다음은 마지막 대환난의 심판 때에 날이 어두워지는 것을 묘사하는 말씀들을 살펴보겠습니다. 요엘 2장 30절 31절을 보겠습니다.

휴거 되는 성도들

"내가 이적을 하늘과 땅에 베풀리니 곧 피와 불과 연기 기둥이라""
여호와의 크고 두려운 날이 이르기 전에 해가 어두워지고 달이 핏빛
같이 변하려니와"(욜 2:30-31).

여기서 여호와의 크고 두려운 날은 마지막 심판의 날을 의미
합니다. 여기에서는 달이 어두워지는 것을 핏빛으로 비유를 합
니다. 달의 색깔은 흰색이므로 핏빛으로 변한다는 것은 어두워
지는 것입니다. 핏빛이라는 단어로 재앙과 심판의 의미를 더욱
실감나게 표현하고 있습니다. 다음은 이사야 13장 9절 10절을
보겠습니다.

"보라 여호와의 날 곧 잔혹히 분냄과 맹렬히 노하는 날이 이르러 땅
을 황폐하게 하며 그 중에서 죄인들을 멸하리니" "하늘의 별들과 별
무리가 그 빛을 내지 아니하며 해가 돋아도 어두우며 달이 그 빛을
비추지 아니할 것이로다"(사 13:9-10).

이 구절도 여호와가 잔혹하게 분을 내는 날 즉 심판하는 날에
해와 달이 빛을 내지 않는다고 말씀합니다. 다음은 마태복음 24
장 29절에서 31절까지를 보겠습니다.

"그 날 환난 후에 즉시 해가 어두워지며 달이 빛을 내지 아니하며 별
들이 하늘에서 떨어지며 하늘의 권능들이 흔들리리라" "그 때에 인자

의 징조가 하늘에서 보이겠고 그 때에 땅의 모든 족속들이 통곡하며 그들이 인자가 구름을 타고 능력과 큰 영광으로 오는 것을 보리라" " 그가 큰 나팔소리와 함께 천사들을 보내리니 그들이 그의 택하신 자 들을 하늘 이 끝에서 저 끝까지 사방에서 모으리라"(마 24:29-31).

이 구절은 휴거를 묘사하는 것인데 휴거와 동시에 날이 어두워지는 것입니다. 그 이유는 휴거 후에 7년 대환난의 심판이 시작되므로 그 징조로서 어두워지는 것이며 또한 세상의 빛인 성도들이 휴거 되고 없으므로 그 상징으로 어두워지는 것입니다. 29절의 첫 부분에 그 날 환난 후의 환난은 7년 대환난 전의 어떤 환난들을 뜻하는 것이지 7년 대환난을 가리키는 것이 아닙니다. 다음은 휴거가 요한계시록의 어디에서 발생하는지를 해와 달의 징조에 대한 말씀으로 찾아보겠습니다. 계시록 6장 12절에서 17절까지를 보겠습니다.

"보니 여섯째 인을 떼실 때에 큰 지진이 나며 해가 검은 털로 짠 상복 같이 검어 지고 달은 온통 피 같이 되며" "하늘의 별들이 무화과나무 가 대풍에 흔들려 설익은 열매가 떨어지는 것 같이 땅에 떨어지며" " 하늘은 두루마리가 말리는 것 같이 떠나가고 각 산과 섬이 제 자리에서 옮겨지매" "땅의 임금들과 왕족들과 장군들과 부자들과 강한 자들과 모든 종과 자유인이 굴과 산들의 바위 틈에 숨어" "산들과 바위에게 말하되 우리 위에 떨어져 보좌에 앉으신 이의 얼굴에서와 그 어린 양의 진노에서 우리를 가리라" "그들의 진노의 큰 날이 이르렀으니 누가 능히 서리요 하더라"(계 6:12-17).

12절 13절의 날이 어두워지는 표현이 마태복음 24장 29절의 휴거 장면과 같습니다. 즉 요한계시록에서 휴거는 6장 11절과 12절 사이에서 일어나는 것입니다. 그런 후 해가 검어 지고 달이 피같이 되며 대환난으로 들어가는 것입니다. 이때부터 환난이 시작된다는 것은 17절의 "그들의 진노의 큰 날이 이르렀으니 누가 능히 서리요 하더라" 는 말씀을 보아도 알 수 있습니다. 그 전에 다섯째 인을 떼기까지는 진노의 큰 날이 이르렀다는 표현이 없습니다. 즉 첫째 인에서 다섯째 인까지는 7년 대환난 전에 일어나는 일들이며 7년 대환난은 6장 12절 여섯째 인을 떼는 순간 또는 떼기 직전에 시작되는 것입니다.

해와 달이 징조로 사용된다는 단순한 진리가 휴거의 비밀을 알게 하였습니다. 해와 달이 어두워지는 것이 심판의 상징이라는 것을 깨닫고 마태복음 24장 말씀과 연결함으로써 요한계시록에 숨어 있는 휴거를 찾아 낸 것입니다. 하늘의 광명체가 징조로 사용된다는 것을 깨닫는 것이 이처럼 중요한 것입니다.

지금까지는 성경 안에서 풀어본 해와 달의 징조에 대하여 나누었다면 이제부터는 실제로 인간의 역사 가운데에서 해와 달의 움직임을 통하여 하나님께서 보여준 징조들에 대한 기록들을 살펴보겠습니다. 하나님께서는 해와 달에 대한 징조를 더 잘 알고 대비할 수 있게 하기 위하여 우리에게 베푸신 은혜가 있습니다. 그것은 바로 천문학에 대한 지식을 준 것입니다. 다니엘 12장 4절을 보겠습니다.

"다니엘아 마지막 때까지 이 말을 간수하고 이 글을 봉함하라 많은 사람이 빨리 왕래하며 지식이 더하리라" (단 12:4).

다니엘이 마지막 때에 관하여 받은 말씀 중에 하나입니다. 현대의 과학 수준을 보면 지식이 더할 것이라는 예언의 말씀이 이루어지고 있다고 할 수 있습니다. 해와 달에 대한 지식도 그 중에 하나입니다. 그리하여 우리는 과거 오래 동안의 해, 달, 별의 움직임을 밝혀낼 뿐더러 미래의 별의 움직임까지 예상하여 풀어내고 있습니다. 미국의 나사 (NASA) 라는 곳에는 이러한 천문학에 대한 방대한 정보와 데이터를 갖고 있습니다. 지금부터는 이러한 정보 중에 일부를 활용하여 하늘의 징조와 하나님의 일과의 상관 관계를 설명하려고 합니다.

그 중에서도 특별히 달이 어두워지는 월식에 대하여 살펴보겠습니다. 월식은 달이 지구의 그림자로 인하여 어두워지는 현상입니다. 이러한 현상은 불규칙하게 일어나는데 현대의 과학자들은 이를 연구하여 과거 오랫동안 월식이 발생한 날과 앞으로 발생할 날짜에 대하여 정확하게 밝혀내고 있습니다. 이것은 하나님께서 인간들에게 징조를 알게 하려는 것입니다. 이러한 일식과 월식에 대한 과거의 많은 기록 중에서 특별한 패턴으로 이루어진 월식에 대하여 살펴보겠습니다.

과거 2천 년의 역사 동안 월식이 하나님이 정한 절기에 네 차례 연속적으로 발생한 일이 몇 번 있었습니다. 이것을 영어로 비블리칼 티트라즈 (Biblical Tetrads) 라고 하는데 한국말로 직역하면 "성경적 4연속 월식" 입니다. 티트라드는 네 개라는 의미입니다. 네 번 연속 월식이 발생한 것은 과거 2천 년간 60차례 정도인데 그 중에서 절기에 맞추어 연속적으로 발생한 것은 현재까지 모두 아홉 차례입니다.

이러한 특별한 월식의 역사를 살펴보면 그 때에 세상에 큰 사건들이 발생한 것을 알 수 있습니다. 그 내용들을 하나씩 살펴보며 하나님께서 지금도 해와 달을 징조로 사용하여 말씀한다는 것을 다시 한번 확인해보고자 합니다. 주님께서 십자가에 죽으신 때로부터 지금까지 발생한 아홉 번의 4연속 월식 (Biblical Tetrads) 중에서 여섯 가지만 발생한 순서대로 살펴보겠습니다.

첫째로 예수께서 죽으신 때에 네 번의 월식이 있었습니다. 주님이 죽으신 때는 33년 유월절이었습니다. 죽으시기 전 해인 32년 유월절과 초막절 그리고 죽으신 해인 33년의 유월절과 초막절 모두 네 차례의 월식이 연속으로 발생하였습니다. 이것은 예수님의 죽으심과 그 후에 믿는 자들에 대한 핍박에 대한 징조를 보여준 것입니다. 그리스도의 죽음은 인류 역사상 가장 큰 비극 중에 하나였습니다. 그러므로 달의 변화로 그 징조를 미리 보인 것입니다.

둘째로 162년의 유월절 (4월 17일)과 초막절 (10월 11일), 그리고 다음 해인 163년의 유월절 (4월 6일)과 초막절 (9월 30일)까지 연속하여 네 번 달이 어두워지는 월식이 있었습니다. 이 기간은 로마 황제 마커스 아우렐리우스 (Marcus Aurelius)가 통치하던 때인데 로마 역사상 기독교인을 가장 많이 죽인 때였습니다. 이러한 기독교인에 대한 대학살이 있은 다음 해인 164년부터 2, 3년간 그 당시 로마 제국 인구의 약 3분의 1인 8백만 명이 전염병으로 죽었습니다. 이 월식은 기독교인과 로마 제국의 국민의 죽음을 예언하는 징조였습니다.

셋째로 1493년 유월절 즈음 (4월 2일)과 나팔절 즈음 (9월 25일), 그리고 다음 해인 1494년 유월절 즈음 (3월 22일)과 나팔절 즈음 (9월 15일)에 연속하여 네 번의 월식이 있었습니다. 이러한 징조가 시작되기 약 8개월 전인 1492년 8월에 스페인에 살던 모든 유대인이 추방을 당했습니다. 그 당시 스페인에는 약 이십만 명의 유대인들이 살았습니다. 이들은 배를 타고 추방되었는데 항해 중에 많은 사람이 죽었습니다. 유대인들이 추방된 후에 달의 징조가 시작된 것은 그들이 추방 후에 겪을 삶의 어려움을 상징으로 보여준 것입니다.

넷째로는 1949년의 유월절 (4월 13일)과 초막절 (10월 7일), 그 다음 해인 1950년의 유월절 (4월 2일)과 초막절 (9월 26일)까지 네 차례 월식이 연달아 발생하였습니다. 이 기간의 끝 무렵에

휴거 되는 성도들

세상에서 발생한 큰 일이 하나 있습니다. 이 사건은 1950년 6월 25일에 발생한 한국전쟁입니다. 세 번째 월식이 있은 후에 발생하였습니다. 달의 변화는 이스라엘과 크리스천에 대하여만 징조를 보이는 것이 아닙니다. 어떤 사람은 달의 변화는 이스라엘과 관련하고 해의 변화는 이방인들과 관계된다는 해석을 하지만 성경에서 그렇게 말씀하는 근거가 없습니다. 한국의 6.25 사변은 한국 뿐만 아니라 세계적으로도 큰 사건이었습니다. 이 전쟁으로 백만 명이 죽었습니다. 이 월식들은 한국의 6.25 전쟁 중에 흘릴 피를 상징으로 보여준 것입니다.

이 성경적 4연속 월식 (Biblical Tetrads)을 이스라엘과 관련하여 잠시 살펴보겠습니다. 이 월식이 시작되기 11개월 전인 1948년 5월 14일에 이스라엘은 독립을 하였습니다. 그리고 국가가 독립을 선언하자 마자 바로 다음 날에 아랍 연맹국들이 이스라엘을 침략함으로써 전쟁이 발생하였습니다. 10개월 간의 전쟁에서 이스라엘 군인 4천 명과 시민 2천4백 명이 죽었습니다. 이 전쟁이 끝난 다음 달부터 월식이 시작됩니다. 그러므로 이 월식들은 이스라엘의 독립과 전쟁을 징조로 보인 것은 아닙니다. 왜냐하면 징조는 일이 있기 전에 보여지는 것이기 때문입니다.

그럼에도 이 월식들이 이스라엘과 관련이 있다고 해석을 한다면 전쟁 후에 이스라엘 국가의 앞날이 순탄치 않을 것을 징조로 보여준 것입니다. 왜냐하면 독립 후 지금까지 이스라엘은 주변 아랍국의 위협과 테러 등으로 하루도 평온한 날이 없었으며 또한 그 후로도 크고 작은 전쟁이 열차례나 넘게 있었기 때문입니다.

다섯째로 1967년 유월절 (4월 24일)과 초막절 (10월 18일의), 그 다음 해인 1968년 유월절 (4월 13일)과 초막절 (10월 6일)까지 네 차례의 월식이 연속으로 발생하였습니다. 이 기간 동안에 다시 한번 이스라엘과 아랍연맹국 간에 큰 전쟁이 발생합니다. 1967년 6월 5일부터 10일까지 벌어진 이 전쟁 동안 이스라엘은 약 천 명정도가 죽고 아랍국가들은 무려 2만 명이나 목숨을 잃었습니다. 불과 6일 동안에 많은 사람들이 목숨을 잃었습니다. 이 월식은 전쟁이 있을 것을 징조로 보여준 것입니다. 이 전쟁을 통하여 이스라엘은 예루살렘을 통일하는 역사적인 일을 이루었지만 달의 징조는 이 사건을 예언한 것은 아닙니다. 왜냐하면 달이 어두워지는 것은 재난과 심판을 상징하는 것이기 때문입니다. 즉 이 기간에 달이 어두워진 것은 6일전쟁 중에 흘릴 피에 대한 징조였습니다.

여섯째로 2014년의 유월절 (4월 15일)과 초막절 (10월 8일), 그리고 2015년의 유월절 (4월 4일)과 초막절 (9월 28일)에 연속적으로 네 차례의 월식이 발생하였습니다. 이 월식들이 있기 전 지난 2천 년 동안 성경적 4연속 월식 (Biblical Tetrads)은 모두 여덟 번인데 이것은 평균 240년에 한 번씩 발생한 것입니다. 그런데 2014년에 시작된 마지막 4연속 월식 (Biblical Tetrads)은 그 전의 4연속 월식이 있은 지 50년도 되지 않아 발생하였습니다. 또 다른 심판의 때가 가까운 것을 느끼게 합니다.

지금까지 살펴본 여섯 번의 성경적 4연속 월식 (Biblical Tetrads) 중 한 번을 제외하고는 모두 유월절과 초막절에 일어났습니다. 유월절과 초막절은 구원을 상징하는 절기입니다. 이 날에는 원래 밝은 보름달이 뜨는 날입니다. 그런데 구원을 상징하는 그 날에 달이 네 번이나 계속하여 어두워진다는 것은 지금까지 살펴본 대로 하나님의 심판이나 재앙의 징조입니다. 지금이 마지막 때인 것을 깨닫는 사람들은 2015년 초막절에 끝난 성경적 4연속 월식은 하나님께서 7년 대환난의 징조로 보여주신 것이라는 영감을 받을 수도 있을 것입니다.

지금이 마지막 때인 것을 하나님께서는 해와 달로도 말씀하시고 천재지변으로도 말씀하고 있습니다. 본문 말씀 중 누가복음 21장 25절을 다시 보겠습니다.

"일월 성신에는 징조가 있겠고 땅에서는 민족들이 바다와 파도의 성난 소리로 인하여 혼란한 중에 곤고하리라" (눅 21:25).

주님께서 마지막 때에 해와 달과 별에 징조가 있을 것이라고 말씀하였습니다. 그리고 쓰나미를 예언하고 있습니다. 바다와 파도의 성난 소리로 인하여 혼란한 중에 곤고하다는 것은 쓰나미의 재앙을 의미하는 것입니다. 최근 10여년 사이에 지구에 큰 쓰나미가 두 차례 있었습니다. 2004년에 인도네시아에서 발생한 쓰나미로 24만 명이 죽었고 2011년에 일본에서 발생한 쓰나미로 2만 명이 죽었습니다. 그리하여 그 나라들이 혼란한 중에 곤고하게 된 적이 있습니다. 미국에도 곧 큰 지진과 쓰나미가 온다는 예언을 하는 사람들이 있습니다. 미국도 언제 혼란한 중에 곤고하게 될지 모릅니다.

주님께서는 이러한 재앙들이 일월 성신의 징조와 함께 일어난다고 말씀하고 있습니다. 7년 대환난은 인류 역사상 가장 큰 사건이 될 것인데 아무 징조가 없을 수 없습니다. 과학적인 예측에 의하면 다음 성경적 4연속 월식은 (Biblical Tetrads)은 오륙백 년 후에나 발생한다고 합니다. 하나님께서는 2천 년 전부터 해와 달로 심판의 징조를 보여주었으며 지금도 계속 보여주고 있습니다. 그리하여 마지막 때를 잘 준비할 것을 말씀하십니다.

2015년에 끝난 성경적 4연속 월식 (Biblical Tetrad)이 주님 오시기 전에 하나님께서 일월 성신으로 보여준 마지막 경고가 될지도 모릅니다. 그러니 교회는 지금 준비되어 있어야 합니다. 해와 달을 보기 전에 먼저 자신을 돌아보아야 할 것입니다. 회개와 거룩함으로 자신의 두루마기를 빠는 자들은 복을 받을 것입니다.

"너는 일곱 안식년을 계수할지니 이는 칠 년이 일곱 번인즉 안식일 일곱 번 동안 곧 사십구 년이라" "일곱째 달 열흘날은 속죄일이니 너는 뿔나팔 소리를 내되 전국에서 뿔나팔을 크게 불지며" "너희는 오십 년째 해를 거룩하게 하여 그 땅에 있는 모든 주민을 위하여 자유를 공포하라 이 해는 너희에게 희년이니 너희는 각각 자기의 소유지로 돌아가며 각각 자기의 가족에게로 돌아갈지며" "그 오십 년째 해는 너희의 희년이니 너희는 파종하지 말며 스스로 난 것을 거두지 말며 가꾸지 아니한 포도를 거두지 말라" "이는 희년이니 너희에게 거룩함이니라 너희는 밭의 소출을 먹으리라" "이 희년에는 너희가 각기 자기의 소유지로 돌아갈지라"

레위기 25:8-13

8
희년에 오실 주님

하나님께서는 인간들이 살면서 평생에 한 번 정도는 기쁨을 누리는 해를 제정해 놓았습니다. 이 해는 매우 특별한 해입니다. 너무 특별하고 좋은 것이라 평생에 한 번 정도밖에 만날 수 없습니다. 이 해는 50년에 한 번 옵니다. 그리고 이 해는 너무 기쁜 해라 그 이름도 기쁠 희자를 써서 희년이라고 합니다.

하나님께서는 절기를 만들었습니다. 일곱 가지의 절기를 짓고 이를 지키게 하였습니다. 이 것은 일 년에 한 번 정해진 날 하루 또는 일 주일을 지켜야 하는 것인데 모두 인간의 구원과 관련된 것입니다. 인간의 구원을 위하여 특정한 날들을 정하여 지키게 하였습니다.

그리고 하나님께서는 지켜야 할 해도 두 가지를 만들었습니다. 그리고 이 해에 특별히 할 일을 정해 주었습니다. 이 두 가지의 해는 안식년과 희년입니다. 안식년은 가나안에 들어간 해를 기준으로 매 7년마다 지켜야 하는 것입니다. 이 해에는 땅을 쉬게 해야 합니다. 논 밭에 파종을 하지 않아야 합니다. 그리고 이 해에는 빚을 탕감해주어야 합니다. 빚진 금액과 상관없이 금액 모두를 면제해 주어야 합니다. 그래서 이 해를 면제년이라고도 합니다. 희년은 이러한 안식년을 일곱 번 지내고 즉 49년이 지난 다음 해에 지켜야하는 것입니다. 그러므로 매 50년째가 희년이 되는 것입니다.

희년에는 매였던 사람들이 자유를 누리게 됩니다. 종들은 해방되고 타향살이 하던 사람들은 고향으로 돌아갑니다. 이 해는 거룩한 해라 농사를 짓지 않아야 하며 심고 가꾼 것 외에는 먹지 말아야 합니다. 그리고 희년의 속죄일에는 전국적으로 나팔을 크게 붑니다. 속죄일에 나팔을 부는 것은 희년에만 허락되는 것입니다. 다른 해의 속죄일에는 나팔을 불지 않고 금식하며 경건하게 지내야 합니다. 희년은 해방되는 기쁨의 해이므로 나팔을 부는데 그것도 전국적으로 나팔을 크게 불어 기쁨을 한껏 누리라는 것입니다. 이것이 주어진 본문이 희년에 대하여 말씀하는 것입니다.

그렇다면 이렇게 기뻐하도록 제정된 희년이 이스라엘의 역사를 통하여 잘 지켜왔는지에 대하여 나누어 보겠습니다. 성경에는 희년이라는 단어가 모두 20번 나옵니다. 그 중에 열 여덟 번은 레위기 25장에 희년에 대하여 설명하기 위하여 사용되었습니다. 나머지 두 번은 민수기와 에스겔서에 각각 한 번씩 나오는데

휴거 되는 성도들

이들도 희년의 의미에 대하여 간단히 언급한 내용입니다. 그 외에는 성경에서 이스라엘 백성이 희년을 지켰다는 기록이 없을 뿐더러 희년이라는 단어도 나오지 않습니다. 가나안으로 들어간 후인 여호수아의 때에도 희년을 지킨 기록이 없습니다. 사사 시대에도 없습니다. 다윗 왕 때에도 없고 남 유다와 북 이스라엘의 역사에도 없습니다. 신약의 시대에도 언급이 없습니다.

그렇다면 그동안 이스라엘 백성들은 희년을 거의 지키지 않은 것일까요? 물론 기록이 없다고 반드시 지키지 않은 것으로 간주할 수는 없습니다. 그러나 이스라엘 백성이 희년을 지키지 않은 기록은 없지만 안식년을 지키지 않은 기록은 있습니다. 이스라엘은 안식년을 490년간 한 번도 지키지 않았습니다. 그래서 안식년을 어긴 숫자대로 70년 동안 바벨론의 통치를 받게 되는 벌을 받았습니다.

또한 이스라엘은 여호수아 이후 사사 시대부터 예루살렘이 멸망할 때까지 약 8백 년간 유월절도 거의 지키지 않았습니다. 오직 히스기야 왕과 요시야 왕만 유월절을 지켰습니다. 그 중에서도 정해진 첫째 달 14일 밤부터 21일까지 바르게 지킨 왕은 요시야 왕 밖에 없습니다. 히스기야 왕은 준비가 덜 되어 둘째 달 14일에 유월절을 지켰습니다.

이스라엘 백성들이 이처럼 유월절과 안식년을 지키지 않은 것으로 미루어 보면 희년을 지키지 않았을 가능성이 큽니다. 희년이 가진 자에게는 별로 유익하지 않게 느껴질 수 있습니다. 왜냐하면 종들을 놓아주어야 하고 부리던 사람들을 집으로 돌려보내야 하기 때문입니다. 그러니 안식년을 지키지 않은 사람들이 희년을 지켰을 가능성은 희박한 것입니다. 그리고 희년을 잘 지킨 역사가 있었으면 성경에 소개되었을 것입니다. 그러나 성경에는 희년을 지킨 기록이 없습니다.

근래에는 믿는 사람들이 희년에 대한 관심을 가집니다. 이러한 관심은 희년을 하나님의 말씀대로 지키려는 면보다는 희년이 언제 인가와 그 해에 무슨 일이 벌어질 것인가에 대한 것입니다. 어떤 이유이든 수천 년간 거의 지켜지지도 않고 그 의미도 잊은 채 흘러온 희년에 대하여 사람들이 관심을 가진다는 것은 좋은 것입니다. 그리고 세상이 희년을 다시 기억하기 시작한다는 자체가 마지막 때에 하나님께서 기쁘고 중요한 일을 섭리하고 있다는 영감을 갖게 합니다. 하나님께서 사람들에게 지금은 특별히 희년에 대하여 잘 배우고 그 뜻을 깨달아 잘 지켜야 할 때라고 말씀하고 있다는 것입니다.

지금부터 희년이 갖는 영적 의미에 대하여 좀 더 깊이 있게 나누어 보겠습니다. 본문의 말씀에서 희년에 대하여 무엇이라 하는지 희년에 어떤 일을 행하라고 하는지를 다시 자세히 살펴보겠습니다.

첫째, 희년은 이스라엘이 가나안에 들어간 해를 기준으로 매 50년째에 지키는 것입니다. 성경에서 숫자 50은 의미가 있습니다. 그리스도께서 부활하신 후 50일째에 성령을 부어주었습니다. 그래서 성령 강림한 날을 오순절이라고 부르는데 오순은 50을 의미하는 것입니다. 인류 역사상 가장 기쁜 두 번의 사건인 그리스도의 부활과 최초로 성령 부어준 날이 50일 간격으로 이루어졌다는 것은 숫자 50이 기쁨의 주기를 상징한다는 것을 보여주는 것입니다. 그러한 숫자의 의미가 희년에도 적용된 것입니다. 그리하여 매 50년마다 기쁨의 해를 준 것입니다.

그리고 성경은 희년을 설명하기 전에 일곱 번의 안식년을 계수하라는 말씀을 합니다. 이렇게 하는 이유는 일곱 안식년이 끝난 다음 해가 희년이라는 것을 알리기 위한 것이며 동시에 희년이 일곱 안식년과 어떤 관련이 있다는 것을 암시합니다. 다시 말씀하면 희년이라는 기쁨의 해를 맞이하고 누리기 위하여는 그 전에 일곱 안식년을 잘 지켜야 한다는 의미가 있는 것입니다. 안식년을 잘 지킨 상급으로 해방과 기쁨의 해를 허락하는 것입니다. 그러나 이스라엘의 역사는 안식년을 지킨 기록이 없습니다. 그러므로 언제부터인지 안식년과 희년이 언제 인지도 모르게 되었으며 희년의 기쁨을 한 번도 누리지 못한 것입니다.

둘째, 희년의 속죄일에는 전국적으로 크게 나팔을 불라고 합니다. 보통의 속죄일은 자신을 부인하며 나팔을 불지 않습니다. 그러나 희년의 속죄일에는 나팔을 불되 큰 소리로 전국적으로 불라고 합니다. 나팔을 부는 이유는 몇 가지가 있지만 이 날에 나팔을 부는 것은 기쁨의 표시입니다. 전쟁이나 모임의 신호가 아닙니다. 이렇게 속죄일에 전국적으로 나팔을 불어 기뻐하는 것은 모든 사람이 죄를 완전히 사함 받고 구원이 완성되었다는 것을 의미하는 것입니다. 그러므로 속죄일임에도 더 이상 자신을 부인할 필요도 이유도 없는 것이며 나팔을 불며 기뻐하는 것입니다.

셋째, 희년을 거룩하게 하라고 합니다. 하나님께서 특별히 지정한 절기나 안식일은 거룩한 날입니다. 희년도 마찬가지입니다. 하나님께서 특별히 사람들을 해방시키는 기쁜 해이므로 거룩하게 지킬 것을 명하는 것입니다.

넷째, 모든 주민에게 자유를 공포하라고 합니다. 희년은 모든 압제와 묶인 것으로부터 풀려나는 해입니다. 종이나 노비들도 자유인이 될 수 있는 해입니다. 감옥에 있는 자들도 놓임을 받는 해입니다. 이것은 육체의 해방이자 동시에 인간의 영혼이 해방되는 것을 의미합니다. 악한 것 더러운 것들에게 묶여 있던 영혼들이 예수 그리스도의 피와 하나님의 은혜로 해방을 누리는 것입니다. 영혼이 자유로워지는 것입니다. 이러한 자유를 평생에 한 번은 누릴 수 있도록 희년을 정해 놓은 것입니다.

다섯째, 모두 자신의 소유지와 혈육에게 돌아가라고 합니다. 종으로 잡혀왔던지 다른 이유로 타향살이를 했던지 상관없이 희년에는 원래 자신의 삶의 터전이 있던 곳으로 돌아가라는 것입니다. 타국에 사는 사람들은 고국으로 돌아가라는 것입니다. 돈을 벌기 위하여, 공부를 하기 위하여 외국에 간 사람들도 희년에는 본국으로 돌아가라는 것입니다. 장기 여행 중에 있는 사람도 집으로 돌아가라는 것입니다. 이렇게 하는 것은 세상의 타향살이를 끝내고 영원한 본향으로 돌아가는 것을 의미합니다. 즉 희년은 실제로 우리의 본향인 천국으로 들어가는 해를 상징하는 것입니다.

여섯째, 농사를 짓지 말라고 합니다. 여섯째 해에 3년간 먹을 식량을 준다고 했습니다. 그러니 땅에 거름을 주고 물을 대고 종자를 뿌릴 필요가 없는 것입니다. 또한 희년의 영적인 의미는 세상에서 해방되어 하늘 나라로 들어가는 것입니다. 그러니 땅에서 수고하여 농사를 지을 이유도 없는 것입니다.

일곱째, 스스로 난 것이나 가꾸지 않은 것을 먹지 말고 직접 가꾼 소출을 먹으라고 합니다. 이 말씀은 거룩한 음식을 먹으라는 것입니다. 들에서 스스로 난 것은 거룩하지 않습니다. 가꾸지 않은 것은 짐승들의 먹이입니다. 희년을 거룩하게 하기 위하여는 섭생도 거룩하게 해야 하는데 직접 가꾼 것만 먹는 것이 그렇게 하는 것입니다. 이렇게 하는 것이 중요한 이유는 거룩한 몸으로 천국을 가야하기 때문입니다. 그러므로 여기서 섭생의 거룩함을 언급하는 것은 영과 혼은 물론 육체도 함께 총체적으로 거룩해야 본향으로 간다는 의미가 있습니다. 즉 이 말씀은 거룩한 자들이 희년에 구원받는다는 것입니다.

여덟째, 본문에는 없지만 희년에는 매입하여 사용하던 땅을 주인에게 돌려주어야 합니다. 땅의 주인은 하나님이시므로 사람이 땅을 영구히 소유하지 못하게 되어 있습니다. 그러므로 50년 동안만 소유하고 희년에는 주인에게 돌려주는 것입니다. 이 말씀에는 천국으로 갈 때에는 아무 것도 소유하지 않고 간다는 의미가 있습니다. 또한 이 말씀에는 소유를 가지지 않은 자들이 천국으로 들어간다는 의미도 있습니다. 모든 것이 하나님으로부터 왔으니 재물을 사랑하지 말고 소유를 모두 가난한 자에게 나누어 주는 자가 희년에 천국 기쁨을 누리게 된다는 것입니다.

이상으로 희년의 의미에 대하여 상고를 해 보았습니다. 이것을 다시 정리하면 희년은 실제로 영혼이 죄악 된 세상에서 놓임을 받고 구원받아 천국으로 들어가는 해를 상징하며 그러기 위하여는 거룩해지고 소유를 갖지 않아야 한다는 것입니다. 또한 안식일과 안식년을 바르고 거룩하게 지키는 자들이 희년에 영원한 안식의 복을 받을 자격이 있다는 것입니다. 이처럼 하나님께서 특별히 제정하여 준 희년은 너무 좋은 것입니다. 복을 누리라고 준 것입니다.

그러나 이러한 기쁜 선물도 바르게 누리려면 그 때가 언제인지 알아야 할 것입니다. 어떠한 날이나 해를 기념하여 지키려면 그 날, 그 해가 언제 인지를 알아야 하지 않겠습니까? 절기의 날짜들은 알도록 하였습니다. 그러나 안식년이나 희년은 몇 년인지 정해져 있지 않습니다. 가나안 땅에 들어간 해가 기준입니다. 즉 가나안에 들어간 년도를 알지 못하면 안식년과 희년이 언제인지를 알 수 없습니다. 이것이 문제인 것입니다.

성경은 이스라엘 백성이 가나안에 들어간 해가 몇 년도인지 말씀하지 않습니다. 구약 시대에 꾸준히 안식년과 희년을 지켜 왔으면 연대를 알 수 있는 근거라도 있었을 것입니다. 예를 들어 어느 왕 몇 년에 희년을 지켰다는 기록이 한두 번만 있어도 햇수를 알아 낼 수 있었을 것입니다. 그러나 그러한 기록이 없습니다. 그러므로 성경을 앞 뒤로 분석하고 연구하여도 희년이 몇 년도 인지 알 수 없습니다.

그렇다면 아무 해나 기준을 다시 잡아 지키면 되겠습니까? 이 렇게 하는 것은 하나님의 성품을 이해하지 못하는 것입니다. 하나님은 정확하고 오차가 전혀 없으신 분입니다. 그러한 하나님 께서 인간이 임의로 기준을 정하여 안식년과 희년을 지키는 것을 용납하지 않을 것입니다. 안식일은 반드시 일곱째 날 토요일에 지켜져야 하듯이 희년도 정확한 해에 지켜져야 하는 것입니다.

인간들이 안식년과 희년을 전혀 지키지 않아 그 년도를 잊어 버렸음에도 불구하고 하나님께서는 인간들이 안식년과 희년을 정확한 해에 지키기를 원하실 것입니다. 그렇다면 그 해가 언제 인지 인간들이 알 수 있도록 힌트를 주시든가 지혜를 주셔야 할 것입니다. 지금은 마지막 때이고 주님 오실 길을 준비해야 할 때 입니다. 그러므로 하나님께서도 희년이 언제 인지에 대한 영감을 주기를 원하실 것입니다. 이러한 사실을 전제로 유대인들이 지키는 희년의 때와 제가 받은 희년의 때에 대한 영감을 나누어 보겠 습니다.

지금 유대인들은 희년이 언제 인지를 공식적으로 정하여 놓았습니다. 이들이 말하는 가장 최근의 희년은 일반 달력으로 2015년 9월 14일부터 2016년 10월 2일까지였습니다. 일부의 유대인들은 이에 동의를 하지 않지만 대부분의 유대인들은 받아들이고 있습니다. 이들이 희년을 계산한 기준은 1917년에 있었던 역사적인 사건을 근거로 합니다. 1917년 11월 2일에 그 당시 영국의 외무장관이었던 아서 제임스 발포아가 유대인들이 팔레스타인 땅에 국가를 설립하는 것을 돕겠다는 선언문을 발표합니다. 이것은 그 당시 영국에 있던 유력한 유대인 중에 하나인 월트 로스차일드의 요청에 발포아 외무장관이 편지를 통하여 승인한 것입니다.

이스라엘은 이 발포아 선언을 근거로 유엔의 결정으로 나라를 세운 것입니다. 그러므로 발포아 선언문이 공포된 1917년은 이스라엘에게 희년의 의미를 가질 만한 기쁜 날인 것은 사실입니다. 이 해를 가나안 땅에 들어간 상징적인 해로 간주하여 그 다음 희년은 1966년에서 1967년 사이로 그 다음 희년은 2015년에서 2016년 사이로 계산한 것입니다. 참고로 말씀드리면 희년을 계산할 때 첫 희년은 50년 후이지만 그 후의 희년은 49년씩 증가합니다. 왜냐하면 그 전의 희년을 첫 해로 계산하기 때문입니다.

이러한 배경을 근거로 유대인들은 과거 약 백 년간은 안식년과 희년이 언제 인지를 인식하고 믿음 생활을 하고 있다고 볼 수 있습니다. 그리고 이들은 발포아 선언을 한 1917년을 기준으로 역산하여 가나안에 들어간 해를 계산하고 또한 2015년 9월 14일부터 2016년 10월 2일까지가 70번째 희년이라고 분석합니다. 그들은 하나님께서 이러한 방법으로 희년을 계시해 준 것으로 믿습니다.

그러나 제가 받은 영감은 이 사람들과 조금 다릅니다. 이들이 희년을 분석한 것에 있어서 두 가지를 지적하고자 합니다. 첫째는 발포아 선언을 한 해를 가나안에 들어간 해의 상징으로 보는 것에 관한 것입니다. 이 해가 유대인들에게 역사적이고 뜻 깊은 해임은 분명하지만 또한 나라를 세울 법적 근거가 된 중요한 해이지만 독립을 돕겠다고 선언만 한 것을 가나안에 실제로 입성한 모형으로 보기에는 무리가 있습니다.

그 날보다는 오히려 예루살렘을 통일한 1967년이 가나안에 들어간 의미와 잘 부합합니다. 1948년에 나라를 세운 후부터 1967년 6일전쟁 전까지 이스라엘은 예루살렘을 반만 소유한 상태였으며 영토의 크기도 매우 작았습니다. 그런데 1967년에 비로소 이스라엘의 영토가 옛날 가나안의 영토와 비슷하게 확장되었으며 예루살렘도 온전히 되찾았습니다. 그러므로 1967년이 가나안에 들어간 상징으로 더 잘 맞다고 보는 것입니다. 이것을 이슈로 삼는 이유는 어느 해를 가나안 땅으로 들어간 해의 상징으로 간주하는지에 따라 희년이 달라지기 때문입니다.

둘째로는 유대인들이 해를 시작하는 때에 관한 것입니다. 이들은 하나님께서 정해준 해의 첫 달을 실제 생활에 적용하지 않습니다. 출애굽기 12장 2절을 보겠습니다.

"이 달을 너희에게 달의 시작 곧 해의 첫 달이 되게 하고" (출 12:2).

여기서 말씀하는 해의 첫 달은 유월절이 있는 니산월을 의미하는 것입니다. 또는 아빕월이라고도 합니다. 일반 달력으로는 보통 3-4월경입니다. 하나님께서는 아빕월을 한 해의 첫 달로 정하여 지키게 하였습니다. 그러나 유대인들은 일곱 번째 달인 티슈레이 (Tishrei)를 한 해의 첫 달로 하는 전통을 만들었습니다. 일곱 번째 달은 일반 달력으로 보통 9월, 10월입니다. 그리하여 하나님이 정해준 달력은 종교력이라고 부르고 자신들이 전통으로 만든 것은 시민력이라고 부릅니다. 그리고 희년의 기간도 자신들이 전통으로 만든 시민력을 기준으로 지키는 것입니다.

유대인의 전통 중에는 좋은 것도 있고 그것들은 지킬 만한 가치가 있습니다. 예를 들어 부림절은 하나님께서 정한 절기는 아닙니다. 모르드개가 2천5백 년 전에 이스라엘이 멸절 될 뻔하였다가 도리어 적을 진멸하고 승리한 날을 기념하기 위하여 제정한 것인데 유대인들이 모두 지킵니다. 그리고 하누카, 즉 수전절도 전통으로 만들어 지킵니다. 이 날은 성전을 회복하여 하나님께 다시 봉헌한 것을 기념하는 날입니다. 이러한 전통들은 만들어서 지키는데 문제가 없습니다. 하나님의 말씀에 어긋나지 않습니다.

물맷돌
선교회

여러분 모두 주님 안에서 평강하시기를 기원하며
물맷돌 선교회가 인사드립니다.

물맷돌 선교회는 여기에 소개된 책들을
읽고 감동을 받은 분들이 한 뜻으로 모여
이 책들을 보급하며 전도하는 선교회입니다.
네 권의 책을 그리스도의 사랑으로 추천하오니 읽어
보시고 큰 은혜 받으시기를 소망합니다. 아울러 감동
이 되시면 저희의 전도 사역에도 함께 동참해 주실 것
을 주님의 이름으로 겸손히 당부드립니다. 감사합니다.

"자기 때에 자기의 말씀을 전도로 나타내셨으니
이 전도는 우리 구주 하나님이 명하신 대로 내게 맡기신 것이라"
디도서 1:3

경력과 학력 | 다니엘 조 목사는 한국계 미국인으로서 한국 중견기업의 미국 현지 법인장을 지냈으며 그 후에는 뉴욕의 얼라이언스 신학 대학원을 졸업하였다. Alliance Theological Seminary는 140년 전 선교사 훈련원으로 설립되어 신학 대학교와 신학 대학원으로 성장하였다. 미국에서 선교사를 가장 많이 배출하고 있는 학교로서 복음적이고 영적인 면에서 가장 신뢰받는 신학교 중에 하나이다. 다니엘 조는 이 학교의 3년 석사 과정을 2년 내에 우수한 성적으로 졸업하였다.

목사 안수 | 저자는 1887년에 설립된 미국의 가장 큰 독립교단인 Evangelical Church Alliance에서 목사 안수를 받았으며 현재는 아무 교단이나 교파에 속해 있지 않고 독립적으로 사역을 하고 있다.

사역 | 뉴저지에서 교회를 개척하여 목회를 할 때에는 매일 성경을 가르쳤으며 성경을 가르치는 것이 그의 사역의 핵심이었다. 2015부터는 이스라엘에서 유대인들과 세계 각국에서 방문 온 사람들에게 복음을 전하고 성경을 가르치고 있다.

유튜브와 문서 사역 | 그는 조회수 60만이 넘는 유튜브 설교를 통하여 한국에 잔잔한 부흥의 불씨를 뿌리고 있으며 한편으로 한국인들이 설교를 가장 많이 듣는 영향력 있는 설교자 중의 하나로 자리매김을 해가고 있다. 최근에 발간된 그의 저서들은 그동안 그가 가르치고 설교한 내용들을 정리한 것으로 현재 복음의 도구로 널리 활용되고 있다.

출판사 서평 | 저자의 설교와 가르침과 글은 역동적이다. 살아 움직이며 강하다. 정확하고 빈틈이 없다. 이는 성령께서 살아 역사한다는 증거이다. 그러므로 그의 설교를 들으면 변하지 않는 것이 불가능해진다. 또한 남에게 전하지 않을 수 없게 된다. 그리하여 물맷돌 선교회도 탄생한 것이다.

도서 추천 | 설교보다 더 중요한 것이 설교자이며 설교자보다 더 중요한 것이 설교자의 삶이다. 그는 성경과 성령만 의지한다. 말씀과 기도에만 전무한다. 아무 것도 소유하지 않았다. 그는 세례 요한처럼 외치지만 예수 그리스도의 향기가 있다. 그의 저서를 통하여 그를 만나보라.

지옥 가는 목사들

유튜브 조회수 40만을 넘긴 "한국의 대표적인 거짓 목사들"이 수록되어 있다. 이 책은 교인들을 지옥으로 끌고가는 거짓 목사들과 천국으로 향하는 성도들의 전쟁이 마침내 시작되었음을 선포하고 있으며 아울러 성도들이 이 전쟁에서 승리할 수 있는 전략과 전술의 훌륭한 교본 역할을 하고 있다. 신학과 교리로 오염된 교단과 교회를 통렬하게 책망한다.

다니엘조 지음 / 쉐미니 아쯔렛 / 양장본 / 값 15,000원

지옥 가는 교인들

주여 주여 하는 자마다 다 천국에 들어가지 못하고 하나님의 뜻대로 행하는 자만 들어간다는 예수님의 가르침을 집대성해 놓았다. 하나님의 계명을 지키지 않고 거룩한 삶을 살지 않는 자는 구원받을 수 없다는 사실과 한 때 아무리 신실하였어도 천국에 들어가지 못할 수 있다는 사실을 성경적이면서 논리적으로 증명하고 있다. 지옥으로 향하고 있는 교인들을 천국으로 인도한다.

다니엘조 지음 / 쉐미니 아쯔렛 / 양장본 / 값 15,000원

휴거 되는 성도들

휴거에 관한 모든 것이 들어있으며 독자들은 휴거에 대한 엄청난 계시로 인하여 압도될 것이다. 휴거에 대한 다른 모든 거치는 이론들을 파하고 휴거를 미혹의 수단으로 삼는 이단들을 제압하며 동시에 휴거를 가르치지 않는 거짓 목사들을 결박하고 있다. 여러분이 남겨질 교인인지 휴거 될 성도인지를 진단해준다.

다니엘조 지음 / 쉐미니 아쯔렛 / 양장본 / 값 15,000원

요한계시록이 쉽다

임박한 휴거와 환난의 때를 위한 지침을 요한계시록을 매우 쉽게 풀어가며 설명한다. 기존의 계시록이 난해한 계시록, 이론적 계시록, 학문적 계시록, 희미한 계시록, 지루한 계시록이었다면 이 책은 쉬운 계시록, 실용적 계시록, 영적 계시록, 선명한 계시록, 재미있는 계시록이다. 계시록 해석의 패러다임이 전혀 새롭게 바뀌었다. 아이들도 이해하는 완벽한 계시록 자습서이다.

다니엘조 지음 / 쉐미니 아쯔렛 / 양장본 / 값 15,000원

※ 위 도서들은 예스 24, 인터파크, 알라딘 등 인터넷 서점들과 교보문고, 반디앤루니스, 영풍문고, 리브로 등 일반 서점에서 구입할 수 있습니다.

I. 물맷돌 선교회는 여기에 소개하는 도서들을 읽고 감동을 받은 사람들이 한 뜻으로 모여 이 도서들을 보급하는 사역을 목적으로 설립되었습니다.

II. 저희는 이 책들이 마지막 때에 깊은 잠에 빠져 있는 한국의 교회들을 깨우고 메말라 가는 성도들의 영혼을 소생시키기 위하여 하나님께서 주신 귀한 책들이라고 믿습니다.

III. 이 책들이 실제로 한국의 교회와 성도들을 깨우고 있다는 사실은 이 책들을 읽은 많은 분들의 좋은 반응과 감동적인 간증을 통하여 그 사실이 입증되고 있습니다.

IV. 그러므로 이러한 책들을 보급하는 자체가 전도이며 영혼을 구원하는 아름다운 사역이라고 판단 되어 이 책들을 가능한 많은 사람들에게 전파하려고 합니다.

V. 책을 읽으신 후 감동이 된다면 다음과 같이 주님의 귀한 전도사역에 함께 동참해 주십시오.

첫째, 이 책들을 널리 광고하고 많은 사람들에게 추천해 주십시오.
둘째, 이 책들을 구입하여 가족, 형제, 교우들에게 선물하고 전도용으로도 사용하십시오.
셋째, 물맷돌 선교회를 물질로 후원해 주십시오.

이 사역에 동참하시는 모든 분들께 감사드리며 예수 그리스도의 이름으로 축복합니다.

후원 안내

1. 물맷돌 선교회와 도서 보급 등에 대하여 궁금한 것이 있거나 다른 이유로 연락을 하실 분들은 이메일 Sukkot777@gmail.com을 이용해 주십시오.

2. 물맷돌 선교회를 후원하기 원하시면 아래의 은행으로 송금하시면 됩니다. 기부하신 후원금은 소개된 도서들을 구입 보급하는 용도로 사용됩니다.

   후원계좌: **신한은행 110-473-940770** 이름: **CHO YOUNG TAI** 송금내역: 선교후원금

3. 다니엘조 목사님에게 성경 배우기를 원하는 분들은 이메일 Sukkot777@gmail.com으로 연락을 주십시오. 수강료와 교재비는 없습니다.

그러나 달력을 바꾸는 것은 문제가 다릅니다. 하나님께서 해의 첫 달을 정해 놓았는데 이것을 전통으로 바꾸는 것은 하나님의 법을 바꾸는 것입니다. 일곱째 달을 해의 첫 달로 바꾸는 것은 토요일인 안식일을 일요일로 바꾸는 것과 같이 틀리고 어리석은 것입니다. 성경에서 연대를 말 할 때 일곱째 달을 첫 달로 간주하여 기록한 적은 없습니다. 그러므로 하나님께서 희년을 말씀하면 히브리 달력으로 그 해의 1월 1일부터 12월 말일까지의 기간을 의미하는 것이지 7월 1일부터 다음 해 6월 말일까지의 기간을 뜻하는 것이 아닙니다.

이상으로 유대인들이 정한 희년의 근거에 대한 문제점 두 가지를 살펴보았습니다. 기준 연도를 1917년으로 영감을 받았다고 하는 것은 틀렸다고 할 수는 없습니다. 그러나 해의 첫 달을 일곱째 달로 정한 것은 법을 바꾼 것이므로 옳지 않습니다. 하나님이 정한 달력과 유대인들이 전통으로 만든 달력은 6개월 차이가 납니다. 이 6개월의 차이가 사소한 것이 아닙니다. 마지막 때에 희년이 얼마나 중요한 의미를 갖는지를 아는 사람은 희년을 6개월 틀리게 적용한다는 것이 간단한 문제가 아닌 것을 깨달을 것입니다.

희년의 의미를 살펴보면 휴거가 본향으로 돌아가는 해인 희년에 일어날 가능성이 높다는 것을 깨닫습니다. 우리가 희년이 언제 인가를 가능한 정확히 알려고 하는 이유가 여기에 있는 것입니다. 주님께서 희년에 올지 모르기 때문입니다. 우리는 손님을 맞이할 때 손님이 언제 오는 지를 바르게 알아야 준비를 제대로 할 것입니다. 그 때를 모르는 것도 문제이지만 그 때를 잘못 알면 더 낭패일 것입니다. 유대인은 물론 메시아닉 쥬에게도 희년의 때가 6개월이나 가려져 있다는 것은 안타까운 일입니다. 메시아닉 쥬라고 절기와 희년을 더 잘 알 것이라고 생각하지 않아야 합니다. 우리는 베레아 사람들처럼 그들의 말이 맞는가 성경을 열심히 상고해야 합니다.

메시아닉 쥬의 리더 중에 한 사람은 자신들이 일곱째 달을 해의 첫 달로 바꾸어 지키는 것이 지혜로운 일이라고 말합니다. 왜냐하면 그 달에 절기가 많기 때문이라는 것입니다. 그러니 축하하기에 좋다는 것입니다. 이렇게 알고 가르치는 것은 지혜로운 것이 아니라 오히려 어리석은 일입니다. 사람의 전통으로 하나님의 계명을 범하는 것입니다.

유대인들은 해의 첫 달을 너무 오랫동안 일곱째 달로 알고 지켜옴으로써 그것이 잘못된 지에 대한 생각조차도 할 수 없는 지경이 되었습니다. 그러므로 전 국민이 그러한 전통을 지키는 것입니다. 지금까지는 6개월 틀리게 달력을 적용한 것으로 인해 아무 해를 입지 않았을 지라도 지금 주님이 오시는 때에는 상황이 다릅니다. 달력을 6개월 틀리게 적용하는 것은 불법이며 미혹입니다. 미혹되면 주를 보지 못합니다.

그런데 희년으로 예상되는 2015년에서 2017년경까지 주님은 오지 않았습니다. 그렇다면 주님은 50년 후에나 오는 것이겠습

휴거 되는 성도들

니까? 아무도 알 수 없습니다. 제가 받은 희년에 대한 영감이 맞지 않을 수도 있습니다. 언제라도 희년일 수 있습니다. 지금까지 희년에 대하여 고찰한 것은 하나님께서 인간들이 희년을 바르게 지키도록 하기 위하여 희년에 대한 영감을 주었다는 전제로 풀어 본 것입니다. 그리고 희년의 영적 의미가 본향인 천국으로 돌아가는 해라는 것에 대하여 나누기 위한 것입니다. 이러한 것을 이해하여 주님 오실 때가 가깝다는 것을 깨닫고 잘 준비하려는 것입니다. 주님은 언제라도 오실 수 있습니다. 그러니 우리는 항상 준비되어 있어야 한다는 것을 말씀드리려는 것입니다. 분명한 것은 주님이 언제 오시든지 그 해가 희년이 될 것입니다.

　지난 3천5백 년간 희년은 한 번도 지켜지지 않았습니다. 다음 희년은 그 해가 언제 일지는 몰라도 70번째 희년이 될 것입니다. 70은 회복의 숫자입니다. 이스라엘은 70년 만에 바벨론에서 해방되었으며 70년 만에 무너진 성전을 다시 회복하였습니다. 건국 후 70년 만에 이스라엘의 수도가 예루살렘인 것으로 인정되기 시작했습니다. 다음 희년이 언제 일지 몰라도 지켜지고 축하를 한다면 그것은 처음으로 희년을 기념하는 것이 될 것이며 동시에 마지막으로 기념하는 희년이 될지도 모릅니다. 왜냐하면 다음 희년에 주님이 오실지 모르기 때문입니다.

　마지막으로 찬양곡을 하나 소개하겠습니다. 이 찬양은 로빈마크 (Robin Mark) 라는 찬양 사역자가 1994년에 만든 곡인데 많이 알려진 노래입니다. 이 찬양의 제목은 "엘리야 때처럼" 입니다. 영어로는 "The days of Elijah" 입니다. 이 곡의 멜로디는 경쾌하고 기쁜 마음으로 부를 수 있는 찬양입니다. 이 곡의 가사는 매우 예언적입니다. 지금이 어느 때인지 무엇을 해야 하는지 어떤 일이 성취되고 있는지에 대한 것을 노래합니다. 즉 이 곡은 마지막 때에 대한 노래이며 주님 오시는 날에 대한 예언적인 찬양입니다.

이 곡이 나오게 된 배경을 잠시 설명하겠습니다. 작곡가 로빈 마크는 20여년 전에 르완다에서 자행된 백만 명 학살 사건을 접하고 상한 마음으로 기도를 할 때 하나님께서 정말로 이 세상을 통제하고 있는지와 지금이 어떠한 때인가를 물었다고 합니다. 그러자 하나님은 세상을 완벽하게 통제하고 있다고 하였고 어떠한 때인가에 대하여도 말씀하였다고 합니다. 그렇게 영감을 받아 곡을 만들고 가사를 붙인 것이 이 곡인데 하나님께서 특별히 사용하기 위하여 이 곡을 만들게 하였다는 감동을 받았다고 합니다. 온 세상이 모두 이 노래를 기쁘게 부르고 있는 것이 그 증거인 것입니다. 하나님께서 이 곡을 통하여 지금이 어느 때라고 말씀하는 지를 간략히 살펴보겠습니다.

첫째는 지금이 엘리야의 때이며 주님의 말씀이 선포되어야 하는 때라고 합니다. 그의 부연 설명에는 주님께서 엘리야의 때라고 말씀한 더 깊은 의미가 있습니다. 그것은 엘리야가 바알과 아세라의 선지자 팔백 오십 명과 싸워 이겼듯이 참된 주의 종들이 일어나 거짓 종들과 싸워야 하고 이겨야 할 때라는 것을 말씀하였다고 합니다.

둘째는 지금이 모세의 때이며 의로움이 회복되어야 할 때라고 합니다. 이 말씀은 모세를 통하여 주신 계명을 거룩하게 지켜 행하여야 할 때라는 의미입니다.

셋째는 지금이 기근과 어둠과 칼의 큰 시험들이 있을 때라고 합니다. 이것은 주님께서 말씀한 마지막 때의 징조입니다. 이러한 일들은 지금 진행되고 있습니다. 그러므로 광야에서 주의 길을 준비하라고 외쳐야 하는 때라는 것입니다.

넷째, 지금은 에스겔의 때처럼 마른 뼈에 살이 입혀지는 때라고 합니다. 이것은 이스라엘의 회복을 예언하는 말씀입니다. 즉 지금은 이스라엘 나라가 회복되고 그 땅에 그리스도의 복음이 들어 갈 때라는 것입니다. 이 예언도 지금 성취되어 가고 있습니다.

다섯째, 지금은 다윗의 때처럼 찬양의 성전이 다시 세워져야 할 때라고 합니다. 이 말씀은 물리적인 성전을 세우는 의미 보다는 다윗이 드리는 찬양처럼 신령과 진정의 예배와 찬양을 회복할 때라는 의미입니다.

여섯째, 지금은 들판에 흰 곡식을 추수할 때라고 합니다. 흰 곡식은 구원받을 영혼들을 의미하는 것입니다. 즉 지금은 전도를 열심히 할 때라는 것입니다. 우리는 주님의 포도밭 일꾼이므로 주님의 말씀을 전해야 하며 지금이 그 일을 할 때라는 것입니다.

이상으로 지금이 어느 때인지 무엇을 해야 할 때인지에 대하여 이 곡이 노래하는 것을 살펴보았습니다. 그런데 이 곡에서 주목하려는 또 다른 가사가 하나 있습니다. 그것은 이 곡의 후렴 부분입니다. 이 곡은 지금이 어느 때인지에 대하여 노래를 하다가 끝 부분은 주님이 구름 타고 나팔소리와 함께 오는 것에 대하여 노래를 합니다. 그것도 후렴으로 반복해서 노래를 합니다. 즉 이 곡은 지금은 주님이 천사장의 나팔 소리와 함께 구름 타고 영광으로 오실 때라는 것을 노래하고 있는 것입니다.

그 뿐만 아니라 이 곡은 주님이 오는 때가 언제 인지도 노래하고 있습니다. 그것은 바로 희년입니다. 이 곡은 지금은 주님이 오실 때인데 바로 희년에 오신다는 것을 계시하고 있습니다. 한글 가사는 은혜의 해라고 해석을 하였는데 영어로는 Year of Jubilee로 되어 있습니다. Year of Jubilee는 희년입니다.

이 곡을 들으면 주님이 희년에 오신다는 감동을 받게 됩니다. 성경에는 주님께서 희년에 오신다는 직접적인 언급은 없습니다. 다만 희년의 영적인 의미를 상고함으로써 영감을 받을 뿐입니다. 그러나 이 곡은 매우 직접적이고 사실적으로 희년에 주님이 오시는 것을 노래하고 있습니다.

희년에는 큰 축하 잔치가 있을 것입니다. 그러나 땅에서는 그 잔치를 보지 못할 것입니다. 왜냐하면 그 잔치는 바로 휴거이며 파티는 하늘에서 치러질 것이기 때문입니다. 그러므로 땅에 남는 자들은 복을 받으라고 준 희년을 결국 한 번도 지키지 못한 채 마지막 희년이 기쁨의 해 구원의 해가 아니라 슬픔의 해 심판의 해가 되는 것입니다. 여러분 모두 처음이자 마지막이 될지도 모를 다음 희년의 잔치에 참여하는 복이 있기를 예수 그리스도의 이름으로 축복합니다.

III
휴거 되는 성도들

"주께서 호령과 천사장의 소리와 하나님의 나팔 소리로 친히 하늘로부터 강림하시리니 그리스도 안에서 죽은 자들이 먼저 일어나고" "그 후에 우리 살아남은 자들도 그들과 함께 구름 속으로 끌어 올려 공중에서 주를 영접하게 하시리니 그리하여 우리가 항상 주와 함께 있으리라"

데살로니가전서 4:16-17

9
휴거 되는 교회

여러분은 지금 휴거가 임박한 때를 살고 있습니다. 휴거는 예수님께서 성도들을 공중으로 들어 올려 천국으로 데려가는 것입니다. 그 때가 매우 가까이 왔습니다. 그 때가 가까운 것을 깨닫고 믿는 사람은 복이 있습니다. 왜냐하면 준비를 할 것이기 때문입니다. 성경은 정확한 날과 시간은 몰라도 그 때가 언제쯤 인지 깨어 있는 사람들은 알 수 있다고 했습니다.

예수님이 다시 오실 것이라는 소망을 갖고 그 날을 기다리는 것은 신실한 믿음입니다. 사도 바울도 잠시 잠깐 후면 오실 이가 오시리니 지체하지 아니 하시리라 하였고 주의 형제 야고보도 너희도 길이 참고 마음을 굳건하게 하라 주의 강림이 가까우니라고 했습니다. 무엇 보다도 그리스도께서 친히 내가 진실로 속히 오리라고 말씀하였습니다. 그러므로 믿는 자들은 어느 시대를 살든지 예수님을 살아서 볼 것이라는 소망과 믿음이 있어야 하며 그러한 사람들은 회개와 거룩한 삶으로 더욱 잘 준비하게 됩니다.

이 설교의 목적은 휴거는 반드시 있다는 것과 구원받을 만한 믿음이 있는 사람은 모두 휴거 된다는 것과 휴거가 임박했다는 사실과 어떠한 교회들이 휴거 되는지 등에 대하여 가르치기 위한 것입니다. 아울러 여러분 모두가 들림 받을 준비를 잘 할 수 있도록 돕기 위한 것입니다. 먼저 휴거는 반드시 일어난다는 사실에 대하여 설명하겠습니다.

휴거를 증거하는 성경 구절은 본문말씀인 데살로니가전서 4장 16절과 17절입니다. 이 구절은 구름 속으로 끌어 올려 공중에서 주를 만나는 휴거를 매우 사실적으로 눈에 보이듯이 묘사하고 있습니다. 다음은 누가복음 17장 34절, 35절을 보겠습니다.

"내가 너희에게 이르노니 그 밤에 둘이 한 자리에 누워 있으매 하나는 데려감을 얻고 하나는 버려둠을 당할 것이요" "두 여자가 함께 맷돌을 갈고 있으매 하나는 데려감을 얻고 하나는 버려둠을 당할 것이니라" (눅 17:34-35).

여기서 데려 감을 얻는다는 말은 휴거를 뜻하는 것입니다. 부부 중에도 한 사람만 휴거 되고 둘이 함께 일하던 사람 중에도 한 명만 휴거 될 수 있음을 말씀합니다. 이번에는 마태복음 24장 31절을 보겠습니다.

"그가 큰 나팔소리와 함께 천사들을 보내리니 그들이 그의 택하신 자
들을 하늘 이 끝에서 저 끝까지 사방에서 모으리라"(마 24:31).

이것도 휴거의 장면을 묘사하는 것입니다. 하늘 이 끝에서 저
끝까지 사방에서 모은다는 표현은 전 세계적으로 단번에 휴거
가 일어난다는 의미입니다. 다음은 요한복음 14장 3절을 보겠
습니다.

"가서 너희를 위하여 거처를 예비하면 내가 다시 와서 너희를 내게로
영접하여 나 있는 곳에 너희도 있게 하리라"(요 14:3).

이 구절에서 내가 다시 와서 너희를 영접하여 라는 표현이 휴
거를 의미합니다. 이처럼 마지막 때에 휴거가 있을 것이라는 것
은 성경의 여러 곳에서 말씀하고 있습니다. 그러므로 휴거는 반
드시 있을 것입니다.
다음은 휴거가 어떻게 일어나는 지에 대하여 살펴보겠습니다.
우선 창세기 1장 14절을 보겠습니다.

"하나님이 이르시되 하늘의 궁창에 광명체들이 있어 낮과 밤을 나뉘
게 하고 그것들로 징조와 계절과 날과 해를 이루게 하라"(창 1:14).

하나님은 천지를 창조하면서 해, 달, 별을 지었습니다. 이러한

광명체들을 통하여 절기와 몇 년 몇 월 며칠이 정해진다고 하였습니다. 여기서의 계절은 절기를 뜻합니다. 그 뿐만 아니라 광명체들로 징조를 이루게 한다고 하였습니다. 다시 말하면 해, 달, 별이 어떤 일이 일어날 신호로 사용된다는 의미입니다. 이 말씀을 먼저 드리는 이유는 휴거의 때와 해, 달, 별의 징조가 관련이 있기 때문입니다. 이에 관해 하나씩 말씀을 풀어 보겠습니다. 마태복음 24장 29절에서 31절까지를 보겠습니다.

> "그 날 환난 후에 즉시 해가 어두워지며 달이 빛을 내지 아니하며 별들이 하늘에서 떨어지며 하늘의 권능들이 흔들리리라" "그 때에 인자의 징조가 하늘에서 보이겠고 그 때에 땅의 모든 족속들이 통곡하며 그들이 인자가 구름을 타고 능력과 큰 영광으로 오는 것을 보리라" "그가 큰 나팔소리와 함께 천사들을 보내리니 그들이 그의 택하신 자들을 하늘 이 끝에서 저 끝까지 사방에서 모으리라" (마 24:29-31).

이 구절이 휴거가 일어날 때 해는 어두워지고 달은 빛을 내지 않고 별들이 하늘에서 떨어진다고 합니다. 세상이 어두워지는 것입니다. 이 때에 인자의 징조가 하늘에서 보일 것이라고 합니다. 이 구절은 창세기에서 언급한 것처럼 해, 달, 별이 휴거의 징조로 이용되고 있는 것을 보여주는 것입니다. 요엘 2장 30절, 31절을 보겠습니다.

"내가 이적을 하늘과 땅에 베풀리니 곧 피와 불과 연기 기둥이라" "여호와의 크고 두려운 날이 이르기 전에 해가 어두워지고 달이 핏빛 같이 변하려니와" (욜 2:30-31).

이 구절은 마지막 대환난 때의 일을 선지자 요엘을 통하여 예언한 것입니다. 피와 불과 연기로 이적을 베푼다는 것은 재앙으로 심판한다는 뜻입니다. 여호와의 크고 두려운 날은 마지막 대환난을 의미합니다. 이날이 이르기 바로 전에 해가 어두워지고 달이 핏 빛 같이 변한다고 합니다. 세상이 깜깜해지는 것입니다. 요엘서의 이 예언과 마태복음의 본문을 연결하여 풀면 큰 환난이 오기 전에 세상이 어두워지는데 그 직전에 휴거가 일어나는 것입니다. 그렇다면 이번에는 휴거가 요한계시록의 어디에서 일어나는 지를 살펴보겠습니다. 요한계시록 6장 12절, 13절을 보겠습니다.

"내가 보니 여섯째 인을 떼실 때에 큰 지진이 나며 해가 검은 털로 짠 상복 같이 검어 지고 달은 온통 피 같이 되며" "하늘의 별들이 무화과 나무가 대풍에 흔들려 설익은 열매가 떨어지는 것 같이 땅에 떨어지며" (계 6:12-13).

해와 달이 어둡게 변하는 것이 마태복음 24장 29절과 요엘 2장 31절의 묘사와 같습니다. 이렇게 성경의 세 곳을 연결하여 해석하면 요한계시록에서의 휴거는 해와 달이 어둡게 되는 여섯째 인을 떼기 직전 또는 떼는 순간 일어납니다. 휴거가 일어난 직후에 7년 대환난이 시작되는 것입니다. 여섯째 인을 뗄 때에 대환난이 시작된다는 또 다른 근거는 요한계시록 6장 17절의 말씀입니다.

> "그들의 진노의 큰 날이 이르렀으니 누가 능히 서리요 하더라"(계 6:17).

여섯째 인을 떼었을 때 비로소 진노의 큰 날이 이르렀다고 합니다. 그 전에는 이러한 표현이 없습니다. 그러므로 그 전의 다섯째 인을 떼기까지는 7년 대환난이 시작된 것이 아닙니다. 즉 7년 대환난은 휴거 직후 여섯째 인을 뗄 때에 시작되는 것입니다. 이 사실을 깨닫는 것은 요한계시록 전체를 잘 이해하고 해석하는데 매우 중요합니다. 그런데 어떤 사람들은 휴거가 7년 대환난을 겪은 후에 일어난다고 말하는데 그렇지 않습니다. 다음의 성경 말씀들이 그것을 증명합니다. 요한계시록 3장 10절을 보겠습니다.

> "네가 나의 인내의 말씀을 지켰은즉 내가 또한 너를 지켜 시험의 때를 면하게 하리니 이는 장차 온 세상에 임하여 땅에 거하는 자들을 시험할 때라"(계 3:10).

이 말씀은 일곱 교회 중 가장 칭찬을 많이 받은 빌라델비아 교회에 주신 말씀입니다. 여기서 온 세상에 임하여 땅에 거하는 자들을 시험할 때는 마지막 대환난의 때를 말합니다. 시험의 때를 면하게 하리라는 말씀은 환난 때에 휴거 되고 그 현장에 없다는 의미입니다. 환난의 현장에서 믿는 사람들만 환난을 피하게 된다는 뜻이 아닙니다. 즉 구원받은 성도들은 시험이 올 때에 그 자리에 없는 것입니다. 그러므로 빌라델비아 교회는 휴거 될 교회의 예표가 되는 것입니다. 다음은 고린도전서 10장 13절을 보겠습니다.

"사람이 감당할 시험 밖에는 너희가 당한 것이 없나니 오직 하나님은 미쁘사 너희가 감당하지 못할 시험당함을 허락하지 아니하시고 시험당할 즈음에 또한 피할 길을 내사 너희로 능히 감당하게 하시느니라"(고전 10:13).

하나님께서는 믿는 사람들에게 감당할 만한 시험만 준다고 합니다. 그러나 여섯째 인부터의 재앙은 인간이 감당할 수 있는 재앙들이 아닙니다. 계시록 9장 6절을 보겠습니다.

"그 날에는 사람들이 죽기를 구하여도 죽지 못하고 죽고 싶으나 죽음이 그들을 피하리로다"(계 9:6).

이 구절은 사람들이 죽고 싶을 정도의 고통을 당한다고 말씀합니다. 계시록 16장 8절을 보겠습니다.

"넷째 천사가 그 대접을 해에 쏟으매 해가 권세를 받아 불로 사람들을 태우니"(계 16:8).

해가 사람을 태우는 고통을 견딜 수는 없을 것입니다. 하나님께서는 성도들을 이러한 정도의 고통은 당하지 않게 한다고 하였습니다. 그러므로 구원받은 성도들은 견딜 수 없는 큰 시험이 오기 전에 들림을 받아 환난의 현장에 남아있지 않게 되는 것입니다. 다음은 데살로니가전서 1장 10절을 보겠습니다.

"또 죽은 자들 가운데서 다시 살리신 그의 아들이 하늘로부터 강림하실 것을 너희가 어떻게 기다리는지를 말하니 이는 장래의 노하심에서 우리를 건지시는 예수시니라"(살전 1:10).

이 구절에서 장래의 노하심에서 건진다는 것은 예수님께서 성도들을 환난 전에 데려간다는 의미입니다. 다음은 누가복음 21장 35절, 36절을 보겠습니다.

"이 날은 온 지구상에 거하는 모든 사람에게 임하리라" "이러므로 너희는 장차 올 이 모든 일을 능히 피하고 인자 앞에 서도록 항상 기도

하며 깨어 있으라 하시니라"(눅 21:35-36).

　이 구절에서 장차 올 이 모든 일을 피하고 능히 인자 앞에 서
도록이라는 표현도 "환난을 피하여 휴거 되도록"의 의미로 쓰여
진 것입니다. 이상으로 살펴본 것처럼 성경의 많은 구절들이 환
난을 당하기 전에 성도들이 휴거 되는 것을 보여주고 있습니다.
　노아가 홍수로부터 구원받을 때 물 속에 빠졌다가 뗏목 붙잡
고 겨우 살아남지 않았습니다. 홍수 전에 방주 안으로 피하였습
니다. 롯이 유황 불로부터 구원받을 때 바위 틈에 숨어 있다가
몸에 화상을 입고 겨우 살아 남지 않았습니다. 유황불이 떨어질
때에 그 자리에 없었습니다. 이스라엘 백성을 뒤 쫓아온 애굽 군
대를 홍해에서 심판할 때에 이스라엘 백성은 홍해를 무사히 건
너게 하며 심판을 하였지 이스라엘 백성도 바닷물에 빠지게 한
후 구원하지 않았습니다. 이처럼 성경 역사의 3대 구원 사건도
환난전 휴거의 모형을 하고 있는 것을 알 수 있습니다. 따라서
마지막 대환난 때에도 구원받은 성도들은 모두 환난 전에 휴거
된다는 것이 논리적으로도 증명이 되는 것입니다.
　다음은 첫째 인에서 다섯째 인까지의 일들을 해석함으로 세상
에서 어떠한 일들이 발생한 후에 휴거가 일어나는 지를 살펴보
겠습니다. 요한계시록 6장 1절에서 11절까지를 보겠습니다.

　"내가 보매 어린 양이 일곱 인 중의 하나를 떼시는데 그 때에 내가 들

으니 네 생물 중의 하나가 우렛소리 같이 말하되 오라 하기로" "이에 내가 보니 흰 말이 있는데 그 탄 자가 활을 가졌고 면류관을 받고 나아가서 이기고 또 이기려고 하더라" "둘째 인을 떼실 때에 내가 들으니 둘째 생물이 말하되 오라 하니" "이에 다른 붉은 말이 나오더라 그 탄 자가 허락을 받아 땅에서 화평을 제하여 버리며 서로 죽이게 하고 또 큰 칼을 받았더라" "셋째 인을 떼실 때에 내가 들으니 셋째 생물이 말하되 오라 하기로 내가 보니 검은 말이 나오는데 그 탄 자가 손에 저울을 가졌더라" "내가 네 생물 사이로부터 나는 듯한 음성을 들으니 이르되 한 데나리온에 밀 한 되요 한 데나리온에 보리 석 되로다 또 감람유와 포도주는 해치지 말라 하더라" "넷째 인을 떼실 때에 내가 넷째 생물의 음성을 들으니 말하되 오라 하기로" "내가 보매 청황색 말이 나오는데 그 탄 자의 이름은 사망이니 음부가 그 뒤를 따르더라 그들이 땅 사분의 일의 권세를 얻어 검과 흉년과 사망과 땅의 짐승들로써 죽이더라" "다섯째 인을 떼실 때에 내가 보니 하나님의 말씀과 그들이 가진 증거로 말미암아 죽임을 당한 영혼들이 제단 아래에 있어" "큰 소리로 불러 이르되 거룩하고 참되신 대주재여 땅에 거하는 자들을 심판하여 우리 피를 갚아 주지 아니하시기를 어느 때까지 하시려 하나이까 하니" "각각 그들에게 흰 두루마기를 주시며 이르시되 아직 잠시 동안 쉬되 그들의 동무 종들과 형제들도 자기처럼 죽임을 당하여 그 수가 차기까지 하라 하시더라" (계 6:1-11).

첫째 인을 뗄 때의 흰 말은 적그리스도를 상징하며 6장 2절 말씀은 적그리스도의 영이 거짓 사도, 거짓 선지자, 거짓 목사들을 교회에 보내어 성도들을 미혹하는 것을 의미합니다. 이 일은 지금 교회에서 심각하게 일어나고 있습니다. 둘째 인의 붉은 말은 전쟁과 소요가 일어나 평화가 깨어지는 것을 뜻합니다. 셋째 인의 검은 말은 세계적인 경제 불황과 기근을 상징합니다. 넷째 인의 청황 색 말은 많은 사람들이 전쟁과 기근과 전염병으로 죽게 되는 것을 보여주는 것입니다. 다섯째 인은 먼저 죽은 성도들이 피 값을 갚아 달라고 신원을 하는데 순교자의 수가 차기까지 기다리라는 내용입니다.

그런데 첫째 인에서 넷째 인을 뗄 때 발생하는 일들은 현재 진행 중이며 지금은 다섯째 인을 뗀 상태에 있는 것입니다. 따라서 이제 순교자의 수만 차면 여섯째 인이 떼어지는데 그 직전 또는 그 순간에 휴거가 일어나는 것입니다. 그러므로 여러분은 지금 언제라도 휴거가 일어날 수 있는 때를 살고 있는 것입니다.

성경은 정확한 날과 시간은 천사도 모르고 아들도 모르고 오직 아버지만 안다고 하였지만 세상에서 보여지는 징조들로 비교적 정확한 때를 알 수 있다고도 하였습니다. 하나님은 큰 일을 그의 종에게 알리지 않고는 결코 행하지 않는다고 하였습니다. 그러므로 누군가는 날과 시간은 몰라도 달과 년은 알 수도 있는 것입니다.

저는 수년 전부터 주님께서 복음을 전할 때 주님이 속히 오신다는 것을 함께 전하라는 감동을 강하게 받기 시작했으며 그 감동은 시간이 갈수록 더욱 벅찼습니다. 주님께서는 "지금 내가 가는 중이다"라고 말씀하였습니다. 그 때에 저는 주님이 거의 다 오신 것을 느꼈습니다. 그래서 이제 큰 일 났구나 준비되지 않은 교회가 너무 많은 데라고 걱정하기 시작했습니다. 그리하여 지금은 급한 마음으로 회개하고 주님 오실 길을 예비하라고 전합니다.

지금이 바로 휴거의 때입니다. 하루 하루를 깨어 기도하며 그 날이 도둑처럼 오지 않도록 준비해야 합니다. 예언의 말씀들과 절기와 해와 달의 징조와 이스라엘의 현대 역사와 세상이 돌아가고 있는 일들을 연결하면 휴거가 얼마나 임박한지 영감을 받을 수 있습니다. 또한 하나님께서는 꿈으로도 그 때가 가까운 것을 말씀합니다. 하나님께서 휴거와 관련한 꿈을 두 차례 주었는데 한 번은 휴거가 임박하다는 의미의 꿈이었으며 한 번은 비교적 정확한 때를 보여주었습니다. 때를 잘 알수록 더 긴박하고 열정적으로 전하게 되므로 자세히 알게 한 것으로 생각됩니다.

아무도 그 날과 시간은 모릅니다. 그러니 지금 바로 즉시 당장 준비되어 있어야 합니다. 지금 하늘 문이 열려 있을 때 들어가야 합니다. 휴거는 방주의 문이 닫히는 것입니다. 휴거는 기다리는 것이 아닙니다. 휴거가 일어나면 상황은 끝나는 것입니다. 그러므로 지금 회개하고 거룩하게 되어 구원의 방주 안으로 들어가 있어야 합니다. 왜냐하면 주님이 오늘 밤에 오실 지 모르기 때문입니다.

휴거 되는 성도들

다음은 어떠한 사람들이 휴거 될 수 있는지에 대하여 살펴보겠습니다. 누가복음 2장 25절에서 28절까지를 보겠습니다.

"예루살렘에 시므온이라 하는 사람이 있으니 이 사람은 의롭고 경건하여 이스라엘의 위로를 기다리는 자라 성령이 그 위에 계시더라" "그가 주의 그리스도를 보기 전에는 죽지 아니하리라 하는 성령의 지시를 받았더니" "성령의 감동으로 성전에 들어가매 마침 부모가 율법의 관례대로 행하고자 하여 그 아기 예수를 데리고 오는지라" "시므온이 아기를 안고 하나님을 찬송하여 이르되" (눅 2:25-28).

이 구절은 시므온이 아기 예수를 예루살렘의 성전에서 만나는 장면입니다. 요셉과 마리아가 아기 예수의 정결식을 위하여 예루살렘의 성전에 왔을 때 시므온은 이미 그리스도를 보기 전에는 죽지 않을 것이라는 예언을 받았습니다. 그리하여 아기 예수를 만납니다. 시므온이 아기 예수를 만나는 것은 휴거 되어 공중에서 그리스도를 만나는 것의 예표입니다. 28절에는 시므온이 아기를 안고라는 구절이 있는데 이것은 신랑 된 그리스도와 신부 된 성도들의 혼인을 상징하며 그 관계의 친밀성을 보여주는 것입니다. 즉 시므온은 휴거 될 성도의 모습을 반영하는 것입니다.

시므온이 어떠한 사람인지를 살펴보겠습니다. 첫째, 시므온은 의롭고 경건한 사람입니다. 다시 말하면 시므온은 거룩한 사람입니다. 히브리서 12장 14절은 거룩함이 없이는 주를 보지 못한다고 하였습니다. 그러므로 들림 받을 교회는 거룩한 교회입니다. 둘째, 시므온은 성령이 함께 하는 사람입니다. 시므온은 성령 받은 사람이며 성령이 충만한 사람입니다. 요한복음 3장 5절은 성령으로 거듭나지 않으면 하나님의 나라에 들어가지 못한다고 했습니다. 그러므로 휴거 되는 교회는 성령 받은 교회, 성령 충만한 교회입니다.

다음은 아기 예수를 성전에서 만나는 또 다른 한 사람인 안나에 대하여 살펴보겠습니다. 누가복음 2장 36절에서 38절까지를 보겠습니다.

> "또 아셀 지파 바누엘의 딸 안나라 하는 선지자가 있어 나이가 매우 많았더라 그가 결혼한 후 일곱 해 동안 남편과 함께 살다가" "과부가 되고 팔십사 세가 되었더라 이 사람이 성전을 떠나지 아니하고 주야로 금식하며 기도함으로 섬기더니" "마침 이 때에 나아와서 하나님께 감사하고 예루살렘의 속량을 바라는 모든 사람에게 그에 대하여 말하니라" (눅 2:36-38).

안나는 일찍이 과부가 되었지만 다시 결혼하지 않고 늙도록 혼자 지냈습니다. 이 여인의 독신의 삶은 참 신랑인 그리스도를 기다리는 교회의 순결함을 상징하며 이 사람 또한 휴거 되는 교회의 예표입니다. 왜냐하면 아기 예수를 만났기 때문입니다. 37절에는 "이 사람이 성전을 떠나지 아니하고 주야로 금식하며 기도함으로 섬기더니" 라고 쓰여 있습니다. 휴거 되는 교회는 이처럼 금식과 기도에 전념하는 교회입니다. 금식으로 온유하고 겸손해진 교회, 기도로 깨어 있는 교회에는 주님이 도둑처럼 오지 않습니다. 그러므로 그 날에 주를 보게 되는 것입니다.

다음은 예루살렘 초대교회의 모습을 살펴봄으로 들림 받을 교회는 어떠한 교회인지를 조명해보겠습니다. 초대교회는 온전한 교회의 좋은 샘플로 여겨집니다. 그러므로 초대교회의 삶에서 들림 받을 교회의 모습을 볼 수 있습니다. 사도행전 4장 32절에서 35절까지를 보겠습니다.

"믿는 무리가 한마음과 한 뜻이 되어 모든 물건을 서로 통용하고 자기 재물을 조금이라도 자기 것이라 하는 이가 하나도 없더라" "사도들이 큰 권능으로 주 예수의 부활을 증언하니 무리가 큰 은혜를 받아" "그 중에 가난한 사람이 없으니 이는 밭과 집 있는 자는 팔아 그 판 것의 값을 가져다가" "사도들의 발 앞에 두매 그들이 각 사람의 필요를 따라 나누어 줌이라" (행 4:32~35).

이 말씀에서 보여주는 교회는 재물에 욕심이 없습니다. 재물에 욕심이 없다는 것은 첫째, 수입이 아무리 많아도 먹고 입는 것으로 족하고 남는 것으로 가난한 자를 돕는 것이며 수입이 아무리 적어도 십일조와 헌금을 하나님께 드리는 것입니다. 교회가 재물에 욕심이 없을 때 가난한 자가 없습니다. 이 구절은 성경에서 유일하게 가난한 자가 없다는 기록인데 이것이 가능한 이유는 있는 자가 없는 자를 도왔기 때문입니다. 휴거 되는 교회는 돈을 사랑하지 않으며 가난한 자를 힘써 돕는 교회입니다.

이상으로 마지막 때에 들림 받을 교회들에 대하여 나누어 보았습니다. 이들은 거룩한 성도, 성령 충만한 성도, 주야로 금식하며 기도하는 성도, 재물에 욕심이 없고 가난한 자를 힘써 돕는 성도입니다. 이러한 성도들 만이 휴거 될 수 있습니다.

휴거의 날은 임박하나 많은 교회들이 준비되지 않았습니다. 그 날에 많은 교회들이 땅에 남겨져 통곡할 것입니다. 마태복음 24장 30절과 요한계시록 1장 7절을 보겠습니다.

> "그 때에 인자의 징조가 하늘에서 보이겠고 그 때에 땅의 모든 족속들이 통곡하며 그들이 인자가 구름을 타고 능력과 큰 영광으로 오는 것을 보리라" (마 24:30).
> "볼지어다 그가 구름을 타고 오시리라 각 사람의 눈이 그를 보겠고 그를 찌른 자들도 볼 것이요 땅에 있는 모든 족속이 그로 말미암아 애곡하리니 그러하리라 아멘" (계 1:7).

이 구절에서 모든 족속이 통곡하고 애곡을 하는 이유는 주님이 오셔서 성도를 데리고 가는 휴거가 일어났는데 들림을 받지 못한 것을 깨달은 사람들이 슬퍼하는 것입니다. 구원받지 못한 것을 알고 통곡하는 것입니다. 앞으로 맞이할 대환난을 생각하며 애곡을 하는 것입니다. 이 사람들 중에는 믿지 않던 사람들도 있을 것이며 믿는 사람들 중에 들림 받을 줄로 생각했던 사람들도 있을 것입니다. 여러분은 아무도 이렇게 남겨 지기를 원하지 않을 것입니다. 그러나 교회 안에 만연한 거짓 가르침을 분별하지 못하고 미혹된다면, 매일 자신을 쳐 복종시켜 거룩한 삶, 성령 충만한 삶을 살지 않는다면, 항상 기도로 깨어 있지 않다면 그 날은 도적같이 오고 기름 모자란 처녀처럼 땅에 남겨질 것입니다.

인자의 임하는 것이 노아의 때와 같을 것이라고 했습니다. 홍수 전에 노아가 방주에 들어가던 날까지 사람들은 먹고 마시고 장가들고 시집가고 있으면서 홍수로 다 멸하기까지 깨닫지 못한 것처럼 휴거도 그렇게 일어날 것입니다. 그러니 여러분은 모두 지금 회개하고 거룩한 삶으로 돌아서서 성령의 기름을 준비하십시오. 그리하여 주님 오실 때 한 사람도 땅에 남지 않고 모두 들림 받아, 휴거 되어 하늘 나라로 들어가기를 구름 타고 영광으로 오실 만 왕의 왕 예수 그리스도의 이름으로 축원합니다.

"주께서 이르시되 지혜 있고 진실한 청지기가 되어 주인에게 그 집 종들을 맡아 때를 따라 양식을 나누어 줄 자가 누구냐" "주인이 이를 때에 그 종이 그렇게 하는 것을 보면 그 종은 복이 있으리로다" "내가 참으로 너희에게 이르노니 주인이 그 모든 소유를 그에게 맡기리라" "만일 그 종이 마음에 생각하기를 주인이 더디 오리라 하여 남녀 종들을 때리며 먹고 마시고 취하게 되면" "생각하지 않은 날 알지 못하는 시각에 그 종의 주인이 이르러 엄히 때리고 신실하지 아니한 자의 받는 벌에 처하리니" "주인의 뜻을 알고도 준비하지 아니하고 그 뜻대로 행하지 아니한 종은 많이 맞을 것이요" "알지 못하고 맞을 일을 행한 종은 적게 맞으리라 무릇 많이 받은 자에게는 많이 요구할 것이요 많이 맡은 자에게는 많이 달라 할 것이니라"

누가복음 12:42-48

10
휴거 때의 대 반전

예배와 기도에는 열심인데 전도는 하지 않는 사람들이 있습니다. 이들은 주님 오실 때에 데려 감을 얻지 못할 것입니다. 가르치고 복음을 전하는데 게으른 자들은 다른 신령한 일에 열심을 내도 들림 받지 못합니다. 주인이 올 때에 무엇을 하고 있는 지로 그 종의 운명이 결정됩니다. 본문 말씀의 핵심 메시지가 바로 이것입니다.

본문 43절은 주인이 이를 때에 그 종이 그렇게 하는 것을 보면 그 종은 복이 있으리라고 말씀합니다. 즉 주인이 돌아와서 볼 때에 그 종이 시킨대로 잘 하고 있어야 한다는 것입니다. 그런데 이 구절에서 말씀하는 그 일이 무엇입니까? 그 일은 때를 따라 양식을 나누어 주는 일입니다. 본문 42절을 보겠습니다.

"주께서 이르시되 지혜 있고 진실한 청지기가 되어 주인에게 그 집 종들을 맡아 때를 따라 양식을 나누어 줄 자가 누구냐"(눅 12:42).

여기서 때를 따라 양식을 나누어 준다는 것은 전도하는 것입니다. 말씀을 가르치고 복음을 전하는 것을 의미합니다. 육의 양식을 의미하는 것이 아닙니다. 그리고 주인은 예수 그리스도이고 청지기 종은 믿는 자들을 가리키는 것입니다. 즉 이 말씀은 인자가 올 때에 가르치고 복음 전하고 있는 자들이 복을 받는다고 말씀하는 것입니다. 휴거가 임박한 지금 영혼을 구원하기 위하여 전도하고 가르치는 일에 힘쓰는 사람들의 복에 대하여 말씀하는 것인데 전도에 힘쓰는 자들이 주님 오실 때에 휴거 된다는 것입니다.

들림 받는 것만큼 큰 복이 어디 있겠습니까? 그렇다면 많은 일 중에서도 왜 가르치고 복음 전하는 일에 충실한 사람들이 복을 받는다고 말씀하는 것이겠습니까? 그것은 첫째로 주님께서 떠나기 전에 마지막으로 당부한 말씀이기 때문입니다. 사람의 마지막 유언도 매우 소중하게 여겨 지킨다면 주님의 마지막 유언은 얼마나 더 소중하고 반드시 지켜져야 하겠습니까? 두번째로 주님께서 가장 관심을 갖는 것은 한 영혼이라도 더 구원받는 것입니다. 사람의 영혼이 구원받는 것만큼 하나님께 중요한 것은 없습니다. 그런데 영혼 구원은 오직 가르치고 복음을 전하는 것으로만 이룰 수 있기 때문입니다. 그러므로 주님은 내가 올 때에 그 일 즉 가르치고 전도하는 자들이 복을 받을 것이라고 말씀하는 것입니다.

어떤 종은 한동안 게으름을 피웠는데 주인이 올 때에는 정신을 차리고 주인이 당부한 일을 열심으로 하였습니다. 다른 어떤 종은 내내 성실히 일을 하다가 주인이 올 때에는 일을 하지 않았습니다. 누가 칭찬을 받겠습니까? 평생의 믿음을 평균 낸 점수로 구원받는 것이 아닙니다. 죽을 때의 믿음으로 구원이 결정됩니다. 주님 오시는 순간의 믿음으로 들림이 결정되는 것입니다. 그러므로 성경은 먼저 된 자가 나중 되고 나중 된 자가 먼저 된다고 말씀하는 것입니다.

성경에는 극적인 대조를 보이는 두 가지의 이야기가 있습니다. 먼저 된 자가 나중 되고 나중 된 자가 먼저 된 것에 대한 이야기입니다. 그 중에 하나는 솔로몬과 우편 강도입니다. 솔로몬은 다윗의 아들이었고 성전을 건축하였습니다. 그리고 매우 지혜로워 성경의 저자가 되기도 하였습니다. 솔로몬은 젊었을 때 믿음이 좋았습니다. 그러나 세상 부귀와 영화를 모두 누린 솔로몬은 구원받지 못했습니다. 아내를 많이 두어 미혹 되어 온갖 종류의 귀신을 다 섬겼습니다. 솔로몬은 성경이 보여주는 대표적인 먼저 된 자가 나중 된 경우입니다.

우편 강도는 세상에서 악을 많이 행한 사람입니다. 강도 중에서도 가장 악한 강도였습니다. 그러므로 십자가에 달리는 벌을 받은 것입니다. 그러나 죽기 직전에 회개하고 예수를 믿어 구원받았습니다. 이 사람은 입술과 마음으로만 회개를 하였고 그에

합당한 열매는 맺지 못하였습니다. 열매를 맺을 기회도 주어지지 않았습니다. 그러나 구원받아 천국으로 갔습니다. 이 사람 우편 강도는 나중 된 자가 먼저 된 경우입니다. 솔로몬과 우편 강도를 생각해보십시오. 인생의 끝에 이처럼 드라마틱한 대반전이 일어날 것이라고 쉽게 상상할 수 있겠습니까?

또 다른 예를 들어보겠습니다. 삭개오와 부자 청년에 관한 것입니다. 삭개오는 그 당시 유대인들이 가장 큰 죄인으로 여기던 세리들 중에서도 우두머리였습니다. 동족으로부터 세금을 포탈하여 자기의 배를 채우던 사람이었습니다. 이러한 큰 죄인이 주님을 만난 후 즉시 회개하고 자신의 재산을 가난한 자들에게 나누어 줌으로서 구원을 받았습니다. 이 사람 삭개오는 나중 된 자가 먼저 된 좋은 예 중의 하나입니다.

부자 청년은 어렸을 때부터 십계명을 잘 지키는 사람이었습니다. 그러나 소유를 팔아 가난한 자에게 나누어 주고 자신을 따르라는 주님의 말씀은 듣지 않았습니다. 다른 계명은 모두 지켰는데 재물을 사랑하지 말라는 계명은 지키기 싫어 근심하며 떠난 것입니다. 이 사람은 구원받지 못하는 것입니다. 이 부자 청년은 먼저 된 자가 나중 된 경우의 좋은 예입니다. 악한 삭개오는 구원받는데 선한 부자 청년은 구원받지 못했습니다.

살펴본 것처럼 구원과 멸망의 대반전과 역전은 어떤 때에도 누구에게도 일어날 수 있습니다. 솔로몬과 우편 강도, 삭개오와 부자 청년을 극적으로 대비시켜 설명하는 이유는 마지막 때에 주님이 오셔서 그의 거룩한 성도들을 데려갈 때에도 이와 같은 극적인 사건이 일어날 것이기 때문입니다. 이 설교에서 중점을 두려는 것은 이러한 구원과 멸망의 역전 드라마가 주님 오실 때에 전도하는 자와 전도하지 않는 자들 사이에서 발생할 것이라는 사실입니다. 또한 본문 말씀도 그러한 것에 대한 교훈을 주는 것입니다.

본문 말씀에는 두 종류의 청지기가 소개됩니다. 하나는 때를 따라 사람들에게 양식을 나누어 주는 자이고 다른 하나는 종들을 때리고 먹고 마시고 취하는 자입니다. 여기에는 두 부류의 사람들 밖에 없습니다. 때를 따라 양식을 나누어 주는 사람과 먹고 마시고 취하고 때리는 사람들입니다. 여기에는 중요한 포인트가 있습니다. 그것은 때를 따라 양식을 먹이지 않는 사람은 모두 때리고 먹고 마시고 취하는 사람인 것입니다. 그 중간의 사람은 없습니다. 즉 때를 따라 양식을 먹이지는 않지만 그렇다고 때리고 먹고 취하지도 않는 사람은 없다는 것입니다. 다시 말씀하면 주님이 보시기에 가르치고 복음 전하는 일을 성실히 하지 않는 사람은 모두 먹고 마시고 취하고 때리는 사람, 즉 악한 사람들이라는 것입니다. 이것이 본문 말씀이 비유로 가르치는 중요한 핵심입니다.

진리는 극과 극입니다. 천국과 지옥밖에 없습니다. 연옥은 없습니다. 천국은 극단적으로 좋은 곳이고 지옥은 극단적으로 나쁜 곳입니다. 여러분은 영에 속하든지 육에 속해 있습니다. 여러분은 거룩하든가 더럽습니다. 여러분은 하나님을 섬기든가 돈을 섬기고 있습니다. 중간은 없습니다. 여러분은 지금 전도를 열심히 하고 있든가 그렇지 않든가 중에 하나입니다. 지금까지 여러분이 선한 일을 많이 하였고 교회 안에서 오랫동안 섬겼고 한 때 많은 사람들을 주께로 인도하였고 한 때 땅 끝 많은 나라에서 순례를 하였다고 해도 지금 가르치고 복음을 전하는 삶을 살지 않으면 솔로몬이 되고 부자 청년이 될 수 있는 것입니다.

그러나 오랫동안 신앙 생활을 성실히 하지 않았고 삶이 거룩하지 않았고 가르치고 복음 전하는 일에 게을렀지만 지금부터라도 돌이켜 회개하여 거룩한 삶을 살며 가르치고 전도하는 일에 열심을 낸다면 여러분은 우편 강도나 삭개오가 될 수 있는 것입니다. 왜냐하면 휴거가 임박하기 때문입니다. 지금 주님이 문 앞에 와 계시기 때문입니다. 그러니 이제 자녀들에게 성경을 가르치십시오. 혈육과 친구들에게 예수를 믿으라고 말하십시오. 전도지를 들고 거리로 나가십시오. 짐을 챙겨 땅 끝으로 가십시오.

본문의 46절 말씀은 주인의 말 대로 행하지 않은 사람들에게 벌을 내린다고 말합니다.

"생각하지 않은 날 알지 못하는 시각에 그 종의 주인이 이르러 엄히 때리고 신실하지 아니한 자의 받는 벌에 처하리니" (눅 12:46).

여기서 생각하지 않은 날 알지 못하는 시각에 그 종의 주인이 온다는 것은 휴거를 의미하는 것입니다. 휴거는 예수 그리스도께서 그의 거룩한 교회들을 데려가는 사건인데 노아의 홍수처럼 사람들이 생각하지 못한 때에 일어날 것입니다. 그리고 휴거 후에는 온 세상이 7년 대환난으로 들어갑니다. 엄히 때린다는 것은 마지막 대환난 중에 고통 당하는 것을 의미합니다.

7년 대환난 중에 당하는 고통은 너무 아파 죽고 싶을 정도로 극심한 것인데 때를 따라 양식을 먹이지 않는 종들이 이러한 고통을 당하는 것입니다. 그것으로 끝나는 것이 아닙니다. 이들은 신실하지 않은 자의 벌에 처해진다고 합니다. NIV 영어 성경에는 믿지 않는 자가 받는 벌에 처해진다고 표현합니다. 즉 세상에서 가르치고 복음 전하는 일에 게으른 자들은 불신자들이 받는 동일한 벌을 받는다는 것입니다. 불신자들이 받는 벌이 무엇이겠습니까? 본문에는 매를 맞는 두 부류의 종류가 있습니다. 하나는 많이 맞는 종이고 다른 하나는 적게 맞는 종입니다. 본문 47절, 48절을 보겠습니다.

"주인의 뜻을 알고도 준비하지 아니하고 그 뜻대로 행하지 아니한 종은 많이 맞을 것이요" "알지 못하고 맞을 일을 행한 종은 적게 맞으리라 무릇 많이 받은 자에게는 많이 요구할 것이요 많이 맡은 자에게는 많이 달라 할 것이니라"(눅 12:47-48).

주인의 뜻을 아는 종, 많이 받은 종은 신앙 생활을 오래 한 사람, 하나님의 은혜를 많이 받은 사람을 의미하는 것입니다. 물론 여기에는 목사 선교사 전도사들도 포함되는 것입니다. 이러한 사람들이 가르치고 전도하는 일을 게을리하면 많이 맞는 것입니다. 많이 맞는다는 것은 더욱 큰 환난과 고통을 당하게 된다는 의미입니다. 이러한 사람들에게는 하나님께서 기대하고 요구하는 것이 더 크기 때문에 그런 것입니다.

48절의 주인의 뜻을 알지 못하고 맞을 일을 행한 종은 초신자들을 의미하는 것입니다. 하나님의 은혜를 체험하지 못한 사람들, 거듭나지 않은 사람들입니다. 이 사람들은 진리를 모르며 전도가 주님의 유언이고 얼마나 중요한지에 대하여 잘 모릅니다. 그러나 이들도 매는 맞습니다. 즉 이들도 휴거 때 들림 받지 못하고 대환난에 남겨지는데 주인으로부터 많이 받은 종들 보다는 고통을 덜 당한다는 것입니다. 이렇게 하는 것이 하나님의 공의입니다. 불공평하다고 말할 수 없습니다. 성경은 미지근한 물은 토해버린다고 합니다. 차라리 차가운 물이 나은 것입니다.

신앙 생활을 오래 한 사람들, 성령을 받은 사람들, 교회의 권위들은 가르치고 복음을 전하는 것이 얼마나 중요한 일이라는 것을 익히 잘 아는 사람들입니다. 이들은 믿음이 적은 교인들에게 전도하라고 가르치고 스스로도 본이 되어야 할 책임이 있는 사람들입니다. 그럼에도 불구하고 복음 전하는 일에 게으르다면 당연히 많이 맞게 되는 것입니다. 이들은 그 날에 들림 받지 못하고 환난에 넘겨져 고생을 하다가 결국은 믿지 않는 자들과 같은 운명이 될 수 있는 것입니다.

전도는 선택이 아닙니다. 전도는 하나님의 명령이며 하나님의 명령을 어기고 살아남을 자는 없습니다. 그러므로 사도 바울도 할 수 없이 전도한다고 했습니다. 부득불 전도하는 데 그 이유가 자신이 벌을 받지 않으려고 그렇게 한다는 것입니다. 전도는 내가 살기 위하여 억지로라도 해야 하는 것입니다. 이렇게 하는 것이 성경적인 것입니다. 복음을 전하는 것이 기쁘고 즐거워 열심히 할 수도 있습니다. 그러나 기뻐서 하든 억지로 하든 전해지는 것은 예수이니 그 상급에 차이가 없습니다. 그리고 전도는 사람들이 보기에도 전도하는 사람 스스로가 보기에도 미련한 것처럼 보이기도 합니다. 그래도 상관없는 것입니다. 상관이 있는 것은 지금 내가 가르치고 복음 전하는 일에 전념하고 있냐는 것입니다. 이것이 주님 오실 때 여러분의 구원을 결정하는 것입니다.

어떤 선교사를 예루살렘에서 만났습니다. 오래 동안 여러 나라를 계속 다니고 있다고 합니다. 그런데 이 선교사는 복음은 전하지 않고 기도하고 예배만 하고 다니는 것입니다. 이와 비슷한 경우의 다른 사람들을 보았고 또 간접으로 듣기도 하였습니다. 제가 아는 한 선교사가 이스라엘에 있는 후배 선교사들에게 전화하여 선교 상황을 물었더니 이스라엘은 전도하기가 힘들어 기도만 하고 있다는 말을 접한 적이 있습니다. 그런데 어떤 한국 선교사는 예루살렘에서 많은 사람들을 전도합니다. 이 선교사는 하나님께서 예루살렘에서 전도할 문을 크게 열어 준다고 합니다. 그렇다면 이스라엘은 전도가 힘들다며 기도만 하고 있는 선교사들은 어찌 된 일입니까?

전도는 단순하고도 노골적으로 예수를 전하는 것입니다. 믿게 하는 분은 성령입니다. 그러니 지금 내가 누구에게 예수를 증거 하고 있느냐가 중요한 것입니다. 그러므로 복음을 잘 받지 않는 다고 기도만 하는 것은 잘못된 것입니다. 주님은 땅 끝까지 가서 전도하라고 했지 기도하라고 하지 않았습니다. 기도는 골방에서 한적한 곳에서 교회에서 하면 됩니다. 기도는 아무 곳에서 해도 됩니다. 이스라엘을 위한 축복 기도를 하려고 예루살렘까지 비 행기 값 들여 가지 않아도 됩니다. 그러나 가르치고 복음을 전할 곳은 성령께서 구체적으로 인도합니다. 이것은 성경이 가르치는 것이며 저의 경험이기도 합니다. 사도행전 16장 6절에서 10절까 지를 보겠습니다.

"성령이 아시아에서 말씀을 전하지 못하게 하시거늘 그들이 브루기 아와 갈라디아 땅으로 다녀가" "무시아 앞에 이르러 비두니아로 가 고자 애쓰되 예수의 영이 허락하지 아니하시는지라" "무시아를 지나 드로아로 내려갔는데" "밤에 환상이 바울에게 보이니 마게도냐 사람 하나가 서서 그에게 청하여 이르되 마게도냐로 건너와서 우리를 도 우라 하거늘" "바울이 그 환상을 보았을 때 우리가 곧 마게도냐로 떠 나기를 힘쓰니 이는 하나님이 저 사람들에게 복음을 전하라고 우리 를 부르신 줄로 인정함이러라" (행 16:6-10).

바울이 비두니아로 가기를 애썼는데 성령이 허락하지 않았다고 합니다. 그리고 마게도냐로 가서 복음을 전하도록 인도되었습니다. 우리는 보통 아무 데서나 전도하고 선교하면 되지 않겠냐고 생각하기 쉽습니다. 그러나 성경은 전도할 곳을 성령이 인도한다는 것을 보여주고 있습니다. 제가 선교 갈 두 곳을 놓고 기도를 한 적이 있습니다. 한 곳은 케냐였고 한 곳은 캄보디아였습니다. 제 마음은 케냐로 가기를 원하였는데 기도를 하며 주님께 물었더니 그날 밤 꿈에 캄보디아로 갈 것을 보여주었습니다. 그리하여 캄보디아에서 많은 영혼들을 주께로 돌아오게 하는 열매를 맺었습니다.

제가 한 경험이 바울이 경험한 것과 같은 것입니다. 어떤 사람은 한국에서 계속 전도하면 됩니다. 복음 전하기 위하여 외국으로 가지 않아도 됩니다. 그러나 한국의 어디에서 전도해야 할지는 기도해야 할 것입니다. 그럴 때 복음 전할 문을 가장 크게 열어 놓은 곳으로 성령께서 인도하십니다. 여러분이 특별한 나라를 오랫동안 품고 기도하였다면 성령께서 그곳으로 인도할 수도 있습니다. 중요한 것은 그 곳에서 복음을 전하는 일에 집중해야 하는 것입니다. 여러분이 예수를 믿는다면 어떤 직업을 가지고 무슨 일을 하든지 어디에 있든지 상관없이 가르치고 복음을 전하는 일이 가장 우선이 되어야 한다는 것입니다.

지금 주님께서 문 앞에 와 계십니다. 그런데 몇 년 후에 선교 갈 계획을 세우고 있습니까? 5년 후에 지을 교회 건물을 위하여 건축 헌금을 모으고 있습니까? 믿는 자는 하루살이여야 합니다. 매일 가르치고 복음을 전하는 마음으로 살아야 하는 것입니다. 이렇게 하는 종이 주인이 올 때에 잘 한다 칭찬받는 종이 되는 것이고 그 날에 공중에서 주의 얼굴을 보게 되는 것입니다.

여러분이 먼저 된 자입니까? 그렇다면 나중 되지 마십시오. 여러분이 나중 된 자입니까? 그렇다면 먼저 되십시오. 솔로몬과 우편 강도를 생각하십시오. 삭개오와 부자 청년을 기억하십시오. 주인이 곧 오십니다.

"사마리아에 있는 수가라 하는 동네에 이르시니 야곱이 그 아들 요셉에게 준 땅이 가깝고""거기 또 야곱의 우물이 있더라 예수께서 길 가시다가 피곤하여 우물 곁에 그대로 앉으시니 때가 여섯 시쯤 되었더라""사마리아 여자 한 사람이 물을 길으러 왔으매 예수께서 물을 좀 달라 하시니"

요한복음 4:5-7

"예수께서 대답하여 이르시되 이 물을 마시는 자마다 다시 목마르려니와""내가 주는 물을 마시는 자는 영원히 목마르지 아니하리니 내가 주는 물은 그 속에서 영생하도록 솟아나는 샘물이 되리라"

요한복음 4:13-14

"여자가 물동이를 버려 두고 동네로 들어가서 사람들에게 이르되""내가 행한 모든 일을 내게 말한 사람을 와서 보라 이는 그리스도가 아니냐 하니""그들이 동네에서 나와 예수께로 오더라"

요한복음 4:28-30

11
우물가의 여인

　　예수님과 단 둘이서 개인 사생활에 대하여 깊게 나눈 사람은 성경에서 사마리아 여인밖에 없습니다. 이러한 사실이 그 만남의 의미에 신비로운 감을 줍니다. 예수님과 우물가의 여인의 만남은 우연처럼 보이지만 성경은 참새 한 마리가 떨어지는 것도 하나님의 뜻이 없이는 이루어지지 않는다고 했으니 이 만남은 주님의 섭리 가운데 필연적으로 이루어진 것입니다.

　　그 당시 이스라엘 사람은 사마리아 사람을 이방인으로 취급하고 상종하지 않았으며 그 지방을 지나가지도 않았습니다. 그러한 관습에도 불구하고 예수께서는 그 마을을 지나가기로 한 것입니다. 스토리에는 그러한 정황이 설명되어 있지 않지만 예수께서는 이 여인을 꼭 만나야 하겠다는 작정을 한 것입니다. 즉 이 여인은 예수님을 우연히 만난 것으로 생각하겠지만 사실은 예수님이 이 여인을 의도적으로 만나러 온 것입니다. 예수님과 사마리아 여인과의 대화는 영적인 의미와 계시가 많이 들어 있습니다. 이러한 계시들을 하나씩 풀어 보겠습니다.

첫째, 성경에서 여인은 교회를 상징합니다. 따라서 예수님이 우물가에서 여인을 만나는 것은 교회가 그리스도를 만나는 장면을 보여주는 것입니다. 그러나 그 만남은 교회가 보기에는 우연인 것처럼 보이나 일부러 찾아오신 것입니다. 우선 사마리아 여인이 우물물을 길러 온 상황을 살펴보겠습니다. 이 여인이 물을 길러 온 시간이 정오 열 두 시입니다. 본문 6절에 때가 여섯 시쯤 되었다고 하였는데 이것은 정오를 뜻합니다. 사람들이 우물물을 길러 오는 때는 보통 이른 아침이거나 해진 후입니다. 왜냐하면 이스라엘은 정오가 되면 기온이 매우 높기 때문입니다. 그러므로 물을 길러 오기에 힘들 뿐 더러 물도 미지근하여 맛이 없습니다. 그리고 보통은 이웃들과 교제하며 함께 오는 것이 그들의 문화입니다.

그럼에도 불구하고 이 여인은 마을 사람들과 함께 이른 아침에 오지 않고 더운 정오에 혼자 물을 길러 왔다는 사실은 이 여인이 동네 사람들로부터 소외된 사람일 것이라는 추측을 하게 만듭니다. 그러나 예수께서는 이른 아침에 오는 다수의 동네 여인들을 만나지 않고 소외된 한 여인을 만났습니다. 이것은 그리스도께서 찾아오는 교회는 스스로 흠 없고 부유하고 평안하다고 자부하는 주류의 교회가 아니라 부끄럽고 부족하고 가난하고 곤경에 처한 소외된 교회라는 것을 의미합니다. 즉 사마리아 여인은 이스라엘이 아닌 이방 나라의 교회를 뜻하며 그 중에서도 반듯해 보이지 않는 결핍되고 소외되고 흠모할 만한 것이 없어 보이는 교회를 상징합니다.

둘째, 우물이나 반석에서 나오는 물은 성령을 의미합니다. 따라서 그리스도께서 우물가에서 여인을 만나는 것은 교회가 성령으로 예수 그리스도를 만나는 장면을 보여주는 것입니다. 우물물이 생수인 성령을 상징하므로 다른 곳이 아닌 우물가에서 만난 것입니다. 즉 우물이 매개체가 되어 그리스도가 사마리아 여인을 만나는 것은 교회가 성령을 통하여 그리스도를 만나는 것을 상징하는 것입니다. 아브라함의 종이 이삭의 아내가 될 리브가를 우연히 만나는 장소도 우물가이며 여인 리브가도 교회를 상징합니다. 그런데 그 만남도 리브가가 보기에는 우연인 것 같으나 아브라함의 종은 일부러 찾아온 것입니다.

다음은 사마리아 여인의 스토리를 이해하는 데 있어 유의할 두 가지에 대하여 나누겠습니다. 하나는 많은 경우 이 여인을 불량한 죄인으로 해석하는 것에 관한 것입니다. 심지어 어떤 사람은 이 여인을 창기라고 해석하기도 합니다. 사람들은 단지 이 여인이 여섯 남자가 있었다는 사실을 근거로 죄인으로 해석하는 것인데 그것은 바르지 않습니다. 이 여인의 삶이 순탄치 않았을 것이며 또한 그 가운데 부끄러운 일이 있을 수도 있었겠지만 이 여인이 보통 사람보다 더 큰 죄인이거나 악한 사람은 아닙니다.

두번째 해석상 유의할 사항은 이 이야기를 단순히 한 이방 여인이 예수를 만나 구원받은 스토리로만 설명하는 것입니다. 이러한 해석이 틀린 것은 아니지만 이 스토리에는 그것보다 훨씬 큰 의미가 있습니다. 이 이야기의 영적인 의미는 그리스도가 성령으로 함께 하는 교회에 관한 것입니다. 교회가 성령으로 그리스도를 만나는 것이 이 스토리의 영적인 주제입니다. 요한복음 4장 18절을 보겠습니다.

> "너에게 남편 다섯이 있었고 지금 있는 자도 네 남편이 아니니 네 말이 참되도다"(요 4:18).

이 말씀은 여인의 죄성이나 도덕성을 반영하는 것이 아니라 교회를 상징하는 이 여인이 교회의 진정한 신랑인 그리스도를 만나기 전의 상태를 보여주는 것입니다. 과거 여섯 명의 남자들은 모두 교회의 참된 남편이 못 되었고 일곱째에 진정한 남편인 그리스도를 만나는 것을 보여주는 것입니다. 성경에서 여섯은 불완전 수이며 일곱은 완전 수를 뜻합니다. 숫자로도 그 의미를 뒷받침하고 있습니다. 그러므로 성경에서 여인이 교회를 상징한다는 것을 아는 것은 성경을 이해하는데 매우 중요합니다.

다시 한 번 말씀합니다. 여섯 남편을 가졌다는 사실로 이 여인의 도덕성과 죄 성을 예단하는 것은 바른 해석이 아닙니다. 실제로 이 여인은 겸손하고 정직하며 마음이 순전하고 진실한 성품의 소유자입니다. 그것을 나타내는 몇 가지 근거를 살펴보겠습니다.

첫째, 우물가에서 예수님이 물을 달라며 말을 걸 때에 이 여인은 사마리아 여인인 나에게 물을 달라고 합니까 하고 응답합니다. 이 말씀은 자신은 천한 사마리아 여인이고 당신은 귀한 이스라엘 사람이라는 겸손이 묻어 있는 것입니다. 즉 이 사람은 겸손한 사람입니다.

두번째, 예수께서 네 남편을 데려오라고 할 때 이 여인은 솔직히 지금의 남자가 남편이 아닌 것을 시인합니다. 부끄러움을 면하기 위하여 남편인 척하지 않았습니다. 즉 이 사마리아 여인은 정직한 사람입니다.

셋째, 예수께서 자신이 그리스도라고 말하자 순수한 마음으로 즉시 그 말을 믿습니다. 의심하지도 않았고 증거를 보이라고 말 하지도 않았습니다. 즉 이 여인은 마음이 순전한 사람입니다.

넷째, 이 여인은 동네 사람들에게 그리스도를 전할 때 내가 행한 모든 일을 내게 말한 사람을 와서 보라고 말합니다. 이 여자가 행한 일을 예수께서 언급한 것은 다섯 명의 전 남편과 지금의 한 남자에 관한 것입니다. 전도를 위하여 자신의 사생활이 밝혀지는 것도 감수하는 진실함을 보여주는 것입니다. 이 우물가의 여인은 진실된 사람입니다.

그러나 마을 사람들은 이 여인이 남편이 너무 많았다는 사실하나로 현숙하지 못하다는 편견을 가졌을지도 모릅니다. 아니면 실제로 그런 면에서는 부족함이 있을 수도 있습니다. 그럼에도 불구하고 이 여인은 상당히 좋은 심성을 가진 사람이라는 것을 알 수 있습니다. 그리스도께서 이 여인을 만나 준 이유가 있는 것입니다. 이 여인의 겸손과 정직과 순전함과 진실함을 본 것이며 한편으로 소외된 것으로 인한 긍휼을 베푼 것입니다.

교회는 이렇게 그리스도를 만납니다. 그리스도는 이러한 교회에 찾아옵니다. 예수께서는 주류의 교회들이 따돌리고 손가락질하고 가십하고 고립시키는 교회를 만나 줍니다. 이러한 교회는 겸손하고 순진하고 수줍어합니다. 부끄러워합니다. 가난합니다. 자랑할 것도 없습니다. 그리하여 하나님의 긍휼을 입습니다. 성령을 부어주며 마지막에 들림을 받게 합니다.

다음은 이 여인의 여섯 남자에 대하여 다루어 보겠습니다. 조금 전에 언급한 것처럼 이 여섯 남자는 그리스도를 성령으로 만나기 전의 온전하지 못한 교회들을 상징합니다. 이 여인의 여섯 남자들은 교회가 예수를 성령으로 만나기 전에 사랑했던 세상을 의미합니다. 의지했던 돈을 의미합니다. 육신의 정욕과 안목의 정욕과 이생의 자랑을 의미합니다.

이런 것들은 아무리 마셔도 목마르게 하는 불완전한 것입니다. 그러므로 넷이나 다섯이 아니고 불완전 수인 여섯으로 표현된 것입니다. 한편으로 여섯 남자는 세상 복음을 가르치고 번영복음을 전하고 돈 복음을 설교하고 자유주의와 포스트 모더니즘을 퍼트리는 교회 안의 미혹을 의미하며 거짓 목사들을 상징합니다.

요한복음 4장 13절, 14절을 보겠습니다.

"예수께서 대답하여 이르시되 이 물을 마시는 자마다 다시 목마르려니와" "내가 주는 물을 마시는 자는 영원히 목마르지 아니하리니 내가 주는 물은 그 속에서 영생하도록 솟아나는 샘물이 되리라" (요 4:13-14).

이 구절은 매우 극적인 장면을 보여주고 있습니다. 왜냐하면 그리스도께서 우물가의 여인으로 예표 된 교회에게 성령 부어 줄 것을 예언하고 있기 때문입니다. 여기서 "내가 주는 물"이 성령입니다. 이 예언은 승천 전에 제자들에게 한 약속 보다 먼저 한 것입니다. 주님께서 최초의 성령 강림을 열 두 제자도 아니고 이스라엘 사람도 아닌 이방 여인에게 알린 것입니다. 그리하여 이방 교회에 더 많은 성령이 부어질 것을 암시하기도 합니다. 이 약속은 주님 승천 후 50일만에 오순절의 성령강림으로 이루어졌습니다. 그리하여 성령이 다스리는 최초의 교회가 탄생한 것이며 동시에 사마리아 여인에게 한 예언적인 약속도 성취된 것입니다.

다시 조금 전의 구절로 돌아가겠습니다. 주님께서 이 말씀을 할 때 이 여인의 반응을 요한복음 4장 15절을 통해 보겠습니다.

"여자가 이르되 주여 그런 물을 내게 주사 목마르지도 않고 또 여기

물 길으러 오지도 않게 하옵소서" (요 4:15).

이 여인은 주님께서 언급하신 물을 아직도 마시는 물로 이해를 합니다. 예수께서는 영적인 것을 말하는데 사마리아 여인은 육적으로 응답하는 대화를 하고 있는 것입니다. 성령으로 진리를 깨닫기 전에는 영의 말씀을 육으로 받고 보이는 대로 반응합니다. 그러나 이 여인은 예수님과 대화를 통하여 영적인 것을 깨닫게 되며 믿음이 생기고 자랍니다. 그러한 과정을 살펴보겠습니다. 처음에 예수께서 이 여인에게 말을 걸 때 이 여인은 예수님을 주라고 부르는데 이것은 선생님이라는 호칭입니다. 요한복음 4장 11절을 보겠습니다.

"여자가 이르되 주여 물 길을 그릇도 없고 이 우물은 깊은데 어디서 당신이 그 생수를 얻겠사옵나이까" (요 4:11).

이 여인은 예수님을 보통의 이스라엘 사람으로 본 것입니다. 그런데 대화가 어느 정도 진행된 후에 예수께서 그녀의 남편에 관한 것을 알아 맞히자 예수님을 선지자로 이해합니다. 제대로 이해하기 시작한 것입니다. 요한복음 4장 18절과 19절을 보겠습니다.

"너에게 남편 다섯이 있었고 지금 있는 자도 네 남편이 아니니 네 말

휴거 되는 성도들

이 참되도다" "여자가 이르되 주여 내가 보니 선지자로소이다"(요 4:18-19).

그리고 예수님과 대화를 마친 후에는 예수께서 그리스도인 것을 깨닫습니다. 요한복음 4장 29절을 보겠습니다.

"내가 행한 모든 일을 내게 말한 사람을 와서 보라 이는 그리스도가 아니냐 하니"(요 4:29).

이것은 예수님을 성령으로 만나지 못한 교회가 예수님과 대화를 통해서 예수께서 선지자인 것과 구세주인 것을 알고 믿게 되는 과정을 보여줍니다. 다음은 이 여인의 믿음의 변화 과정을 자세히 살펴보겠습니다. 이 여인의 믿음의 변화와 그에 따른 행위는 그리스도의 교회들에게 일어날 일들의 그림자입니다. 이 여인은 기본적으로 메시아가 올 것이라는 믿음이 있었습니다. 요한 복음 4장 25절을 보겠습니다.

"여자가 이르되 메시야 곧 그리스도라 하는 이가 오실 줄을 내가 아노니 그가 오시면 모든 것을 우리에게 알려 주시리이다"(요 4:25).

그러나 참된 믿음의 소유자는 아닙니다. 요한복음 4장 22절, 23절을 보겠습니다.

"너희는 알지 못하는 것을 예배하고 우리는 아는 것을 예배하노니 이
는 구원이 유대인에게서 남이라" "아버지께 참되게 예배하는 자들은
영과 진리로 예배할 때가 오나니 곧 이 때라 아버지께서는 자기에게
이렇게 예배하는 자들을 찾으시느니라"(요 4:22-23).

주님께서 사마리아인들이 참된 예배를 드리지 않고 있음을 지
적한 것입니다. 즉 이 사마리아 여인의 믿음이 온전하지 못한 것
을 상징적으로 말씀한 것입니다. 이것은 지금의 교회에게 주는
메시지이기도 합니다. 예배를 드리고 예수를 믿는다고 말하나
진정한 믿음과 참된 예배가 결핍되어 있는 것입니다.

그러나 이처럼 믿음이 거의 없는 여인에게도 영원히 솟아나는
샘물에 대한 갈증이 있었습니다. 그리하여 예수님과 대화를 솔
직하고 거짓 없이 나눕니다. 그리고 예수님을 선지자로 그리스
도로 알아 가면서 영안이 열리고 믿음이 자랍니다. 그런 후에 이
여인이 한 행동은 놀랄 만합니다. 요한복음 4장 28절에서 30절
까지를 보겠습니다.

"여자가 물동이를 버려 두고 동네로 들어가서 사람들에게 이르되"
"내가 행한 모든 일을 내게 말한 사람을 와서 보라 이는 그리스도가
아니냐 하니" "그들이 동네에서 나와 예수께로 오더라"(요 4:28-30).

이 여인은 믿음이 생기는 순간 복음을 전합니다. 믿고 한 달

후도 아니고 일 주일 후도 아니고 믿음이 들어온 즉시 복음을 전하는데 한 두 사람에게도 아니고 온 동네 사람들에게 다 전합니다. 이 여인은 그 마을에서 소외된 사람이고 따돌림을 받은 사람이며 가십의 대상인 사람입니다. 그럼에도 불구하고 진리인 그리스도를 만나자 마자 부끄럽고 두려운 것 없이 복음을 전합니다. 또한 이 여인은 하루의 생활에 꼭 필요한 소중한 물을 길러온 사람입니다. 그럼에도 물동이를 버려 두고 복음부터 전한 것입니다. 복음 전하는 것이 생계보다 더 급하고 중요한 일이 되어 버렸습니다.

이처럼 우물가의 여인의 스토리는 참 교회의 드라마틱한 탄생과 파격적인 거듭남을 속도감 있게 보여줍니다. 어떻게 불과 몇 분만에 거의 불신자가 예수를 믿고 영생을 사모하여 자신의 삶을 내려놓고 복음 전하는 자가 될 수 있겠습니까? 위의 짧은 구절이 성령이 다스리는 교회는 불신자가 믿고 거듭나서 복음 전하는 자가 되는 과정이 길지 않다는 것을 잘 예시하고 있습니다. 이것은 오늘날의 교회에게 너무도 중요하고 도전적인 메시지입니다.

예수를 만나지 못한 주류의 동네 여인들은 지금의 제도권 안에 있는 간판이 반듯한 교회를 상징합니다. 건물도 있고 재정도 넉넉한 교회들입니다. 큰 교단에 속해 있습니다. 이들은 한국 교회의 주류들입니다. 그런데 성령으로 그리스도를 만나지는 못했습니다. 그러므로 반듯한 건물로 교인들을 유인하는 일에는 능하지만 전도는 하지 않습니다. 성령이 없으므로 전도하지 않으며 전도하고 싶어 하지도 않습니다.

전도하는 교회는 성령으로 그리스도를 만난 교회들입니다. 이러한 교회들은 우물가의 여인처럼 소외되었고 겸손합니다. 보일만한 것이 없습니다. 건물도 간판도 교단도 없습니다. 그러나 정직하고 순전합니다. 그리하여 예수 그리스도를 우물가에서 만납니다. 그런 후 즉시 복음을 전합니다. 모든 재정을 털어서 전도합니다. 이들은 삶을 내려 놓고, 물동이를 내려 놓고 전도부터 합니다. 이들은 전도하지 않으면 견딜 수 없습니다. 온 동네에 다 전하고 유대와 이스라엘과 땅 끝까지 전합니다.

주님이 곧 오십니다. 그 날에 많은 교회들이 들림 받지 못하고 남겨질 것입니다. 성경은 주님 오시는 날에 많은 사람들이 애곡을 한다고 말씀합니다. 들림 받을 줄 알았던 주류의 교회들이 남겨져 통곡하는 것입니다. 그러니 여러분은 어떤 교회가 되어야 하겠습니까? 아직도 주류의 일부가 되고 싶습니까? 계속 전도하지 않겠습니까? 물동이 나르는 일만 하겠습니까? 그 날에 휴거되는 성도는 물동이를 버려 두고 예수의 복음을 전하는 성도입니다.

"셋째 인을 떼실 때에 내가 들으니 셋째 생물이 말하되 오라 하기로 내가 보니 검은 말이 나오는데 그 탄 자가 손에 저울을 가졌더라" "내가 네 생물 사이로부터 나는 듯한 음성을 들으니 이르되 한 데나리온에 밀 한 되요 한 데나리온에 보리 석 되로다 또 감람유와 포도주는 해치지 말라 하더라"

요한계시록 6:5-6

12
감람유와 포도주는 해치지 말라

거룩하고 깨끗하게 되기 위하여는 두 가지가 필요합니다. 그것은 기름과 피입니다. 기름은 성령을 의미하며 피는 예수 그리스도의 보혈을 의미합니다. 즉 예수를 믿고 성령으로 거듭나야 거룩해지는 것이며 구원받는다는 의미입니다. 두 가지 중에 하나가 빠지면 거룩해질 수도 깨끗하게 될 수도 없습니다. 예수를 믿는다고 고백하여도 성령으로 거듭나지 않으면 거룩함을 입을 수가 없습니다. 성령을 받아도 예수 안에 거하지 않으면 즉 예수의 가르침대로 행하지 않으면 깨끗함을 입지 못합니다.

본문 말씀에는 이러한 자들 즉 성령의 기름과 예수의 피를 가진 자들이 환난의 때에 거룩함을 입고 구원받는 것에 대한 계시가 숨어 있는데 그것에 대하여 깊이 있게 풀어보겠습니다. 본문 구절은 셋째 인을 뗄 때에 주신 말씀인데 요한계시록에서 해석이 어려운 것 중에 하나입니다. 해석이 어려운 이유는 사실적 표현과 상징적 표현이 한 구절 안에 섞여 있기 때문입니다. 이 구절은 경제적인 환난이 오는 것을 표현하는 것입니다. 검은 말을 탄 자가 손에 저울을 가지고 있습니다. 저울은 물건을 사고 팔 때 필요한 도구이므로 저울이라는 단어를 통해 경제적인 것에 대한 예언임을 암시하고 있습니다.

"한 데나리온에 밀 한 되요 한 데나리온에 보리 석되로다"의 뜻은 하루 일당으로 밀 한 되나 보리 석 되 밖에 사지 못할 정도로 물가가 오르는 것을 의미합니다. 이 것을 현재의 시세에 비유하면 쌀 값이 약 40배 정도 오른다는 것입니다. 이 정도로 물건 값이 오르면 한 사람이 벌어서 겨우 자신의 생명을 유지하는 식량만 살 수 있는 것입니다. 부양가족을 먹일 수 없으므로 기근 상태에 빠지는 것입니다. 즉 "한 데나리온에 밀 한 되요 한 데나리온에 보리 석되로다"라는 말씀은 심각한 기근과 경제적 어려움을 의미하는 것이며 현재 지구에는 약 10억 명이 이러한 상태에 처해있습니다. 이 구절은 이처럼 사실적으로 해석을 하면 되는 것입니다.

본문 말씀의 뒷부분인 "감람유와 포도주는 해치지 말라"의 의미에 대하여 살펴보겠습니다. 이 말씀은 사실적으로 해석을 하지 않고 상징적으로 해야 합니다. 이 구절을 사실적으로 해석을 하면 감람유와 포도주 가격은 오르지 않는다는 의미가 되는데 이렇게 해석을 하면 의미가 전달이 되지 않습니다. 밀과 보리 가격은 폭등하는데 어떻게 감람유와 포도주 가격은 오르지 않겠

휴거 되는 성도들

습니까? 기초 식품 값이 오르면 다른 물건의 값은 당연히 따라 오를 수밖에 없습니다. 그리고 감람유와 포도주 가격이 오르지 않는다는 사실이 기근의 때에 대한 예언과 어떻게 연결하여 해석을 하겠습니까? 논리적이고 합리적인 해석이 되지 않습니다. 그러므로 "감람유와 포도주는 해치지 말라"라는 말씀은 상징적으로 해석을 해야 합니다.

그렇다면 감람유와 포도주가 성경에서 어떤 의미로 사용되는지를 알아야 합니다. 이것을 이해하는 것은 그리 어려운 일이 아닙니다. 감람유는 사람이나 물건을 거룩하게 하기 위하여 바르는 기름입니다. 즉 감람유는 하나님의 기름 부음 또는 성령의 기름부음을 상징하는 것입니다. 포도주는 이해가 더욱 쉽습니다. 성경에서 포도주는 예수 그리스도의 피를 상징한다는 것은 성찬식을 한 번만 해본 사람이라면 모두 이해를 합니다. 이 두 가지의 상징을 이해하고 "감람유와 포도주는 해치지 말라"라는 구절을 해석을 하면 성령 받은 자와 예수의 피를 가진 자는 해치지 말라는 의미가 됩니다. 다시 말씀하면 엄청난 기근의 때에도 예수를 잘 믿고 성령으로 거듭난 교회들은 기근을 당하지 않는다는 것입니다.

모든 사람들이 식량이 없어 굶더라도 이러한 교회들은 하나님께서 먹인다는 의미입니다. 이렇게 해석을 하면 자연스럽게 이해도 되고 기근과 관련한 적절한 논리도 성립되어 바른 해석이라는 영감을 받게 되는 것입니다. 또한 이러한 영적 해석이 바른 해석이라는 것은 구약의 때에 성결 하도록 하는 예식을 위하여 기름과 피를 발랐다는 사실을 확인해 봄으로서 확증할 수 있습니다.

그렇다면 지금부터는 성령의 기름부음을 상징하는 감람유와 예수의 보혈을 상징하는 동물의 피를 사용한 예식에 대하여 살펴보겠습니다. 레위기 8장 10절에서 12절까지를 보겠습니다.

"모세가 관유를 가져다가 성막과 그 안에 있는 모든 것에 발라 거룩하게 하고" "또 제단에 일곱 번 뿌리고 또 그 제단과 그 모든 기구와 물두멍과 그 받침에 발라 거룩하게 하고" "또 관유를 아론의 머리에 붓고 그에게 발라 거룩하게 하고" (레 8:10-12).

이 구절에서 관유는 영어로 어노인팅 오일 (Anointing oil)이라고 하는데 감람유를 사용합니다. 모세가 감람유를 성막에 있는 모든 기구에 바르고 아론의 머리에 붓는데 이렇게 하는 이유는 하나님의 성막과 제사장 아론을 거룩하게 하기 위한 것입니다. 다음은 레위기 8장 15절을 보겠습니다.

"모세가 잡고 그 피를 가져다가 손가락으로 그 피를 제단의 네 귀퉁이 뿔에 발라 제단을 깨끗하게 하고 그 피는 제단 밑에 쏟아 제단을 속하여 거룩하게 하고" (레 8:15).

이번에는 제단에 피를 바릅니다. 이 피도 제단을 깨끗하고 거룩하게 하기 위한 것입니다. 이미 관유로 제단을 거룩하게 하였는데 다시 피를 발라 거룩하게 하였습니다. 다음은 레위기 8장 23절을 보겠습니다.

"모세가 잡고 그 피를 가져다가 아론의 오른쪽 귓부리와 그의 오른쪽 엄지 손가락과 그의 오른쪽 엄지 발가락에 바르고"(레 8:23).

아론의 몸에 피를 바릅니다. 제사장은 거룩해야 하는데 거룩하게 하는 방법으로 몸에 피를 바르는 것입니다. 다음은 레위기 8장 30절을 보겠습니다.

"모세가 관유와 제단 위의 피를 가져다가 아론과 그의 옷과 그의 아들들과 그의 아들들의 옷에 뿌려서 아론과 그의 옷과 그의 아들들과 그의 아들들의 옷을 거룩하게 하고"(레 8:30).

이 구절은 제사장의 옷을 거룩하게 하는데 관유와 피 두 가지 모두를 바릅니다. 이상으로 살펴본 것처럼 사람도 물건도 거룩하고 깨끗하게 되기 위하여는 감람유와 동물의 피 두 가지 모두가 필요합니다. 모세가 제단과 제사장에게 바른 기름은 성령의 기름부음의 예표입니다. 즉 믿는 자들이 거룩해지기 위하여는 성령을 받아야 하는 것이며 성령충만해야 한다는 것입니다. 모세가 제단과 제사장과 제사장의 옷에 피를 바른 것도 거룩하게 하기 위한 것인데 이 동물의 피는 예수 그리스도께서 흘린 피의 예표입니다. 예수의 피가 인간을 깨끗하고 거룩하게 할 것이므로 동물의 피로 미리 그 모형을 삼은 것입니다. 히브리서 9장 13절, 14절을 보겠습니다.

"염소와 황소의 피와 및 암송아지의 재를 부정한 자에게 뿌려 그 육체를 정결하게 하여 거룩하게 하거든" "하물며 영원하신 성령으로 말미암아 흠 없는 자기를 하나님께 드린 그리스도의 피가 어찌 너희 양심을 죽은 행실에서 깨끗하게 하고 살아 계신 하나님을 섬기게 하지 못하겠느냐" (히 9:13-14).

이 말씀은 그리스도의 피가 인간의 죽은 양심을 깨끗하게 한다고 합니다. 예수의 피에 거룩하게 하는 능력이 있는 것입니다. 그러므로 피 흘려 죽으신 예수 그리스도를 믿음으로 구원받게 된다는 것입니다. 다시 정리하면 거룩하게 하기 위하여는 두 가지가 모두 필요합니다. 그것은 기름과 피 즉 성령과 그리스도의 보혈입니다. 모세가 관유와 동물의 피로 사람과 물건을 거룩하게 하는 예식을 한 것은 1500년 후에 죽으신 예수의 피와 부활 승천하여 부어준 성령의 모형입니다. 즉 감람유와 포도주는 하늘에 있는 거룩한 것들의 모형이며 그림자인 것입니다. 히브리서 9장 22절, 23절을 보겠습니다.

"율법을 따라 거의 모든 물건이 피로써 정결하게 되나니 피흘림이 없은즉 사함이 없느니라" "그러므로 하늘에 있는 것들의 모형은 이런 것들로써 정결하게 할 필요가 있었으나 하늘에 있는 그것들은 이런 것들보다 더 좋은 제물로 할지니라"(히 9:22-23).

이 구절은 동물의 피로써 깨끗하게 하여 죄 사함을 받았던 옛날의 예식은 하늘에 있는 것들의 모형이었다고 합니다. 이것은 그리스도의 피의 모형이며 그리스도의 보혈은 동물의 피보다 더 좋은 제물입니다. 실물이 나타나면 모형은 소용이 없고 실물이 보이면 그림자는 주목할 필요가 없듯이 이제 더 이상 관유와 동물의 피로 하지 않고 성령과 예수의 피가 우리를 깨끗하고 거룩한 행실로 인도해가는 것입니다.

이상으로 본문에 언급된 감람유와 포도주가 각각 성령의 기름부음과 예수의 피를 상징한다는 사실을 레위기의 제사법과 연결하여 논증을 해보았습니다. 이러한 해석과 논증에 대한 이해는 매우 중요한 의미를 가집니다. 왜냐하면 이러한 것에 대한 깊은 이해는 마지막 때를 준비하는 지혜를 제공하기 때문입니다. "감람유와 포도주는 해치지 말라"고 말씀하실 때 그 말씀 속에는 주님 오실 길을 준비하는 지혜와 지식의 메시지가 들어있습니다.

본문 말씀은 7년 대환난이 시작되기 전에 인류에 미칠 기근과 경제난에 대하여 예언을 한 것인데 이러한 환난을 극복하기 위하여 교회는 감람유와 포도주 즉 성령으로 거듭나고 예수의 피를 의지해야 한다는 것입니다. 보통의 사람들은 기근과 환난이 닥칠 때에 식량을 창고에 쌓아 놓으려고 합니다. 그러나 믿음의 사람은 식량 대신에 성령과 예수를 믿는 믿음을 쌓아 놓아야 하는 것입니다. 그러할 때 기근이 이러한 교회를 해치지 못하는 것입니다. 이것이 "감람유와 포도주는 해치지 말라"라는 말씀의 영적인 의미인 것입니다.

요한계시록 11장 6절을 보겠습니다.

"그들이 권능을 가지고 하늘을 닫아 그 예언을 하는 날 동안 비가 오지 못하게 하고 또 권능을 가지고 물을 피로 변하게 하고 아무 때든지 원하는 대로 여러가지 재앙으로 땅을 치리로다"(계 11:6).

이 말씀은 마지막 환난 때에 두 증인이 예언을 하는 3년 반 동안 비가 오지 않는다고 합니다. 두 증인은 이 땅을 심판하기 위하여 보내심을 받은 사람들입니다. 그 심판 중에는 비가 오지 않는 심판 즉 기근의 심판이 포함되어 있습니다. 그러므로 조금 전에 살펴본 계시록 6장 6절의 "감람유와 포두주는 해치지 말라"고 한 말씀은 지금 응하는 말씀이기도 하지만 얼마 후면 닥칠 마지막 대환난의 때를 준비하기 위한 말씀이기도 합니다.

휴거의 때에 구원받은 자들은 모두 들림을 받습니다. 그러나 많은 사람들이 들림 받지 못하고 환난을 겪을 것입니다. 휴거 되지 못하는 사람들의 대부분은 불신자들이겠지만 그 중에는 믿는 사람들도 많을 것입니다. 믿는 사람들이 휴거의 때에 들림 받지 못하는 이유는 구원받을 만한 믿음이 없기 때문입니다. 예수를 믿는다고 하였지만 거듭나지 못한 것이며 거룩하지 못함으로 휴거 되지 못하는 것입니다.

그러나 이들도, 불신자이든 거듭나지 못한 신자이든 환난을 통과하면서 구원받을 수 있습니다. 환난의 때에 이들이 구원받기 위하여 필요한 것이 바로 성령과 예수의 피입니다. 성령은 회개하여 계명을 지키도록 인도하며 예수의 피만이 구원의 능력이 있습니다. 이 두 가지를 모두 가지게 되면 환난 중에도 믿음으로 인내하여 구원받을 수 있는 것입니다. 요한계시록 14장 12절을 보겠습니다.

"성도들의 인내가 여기 있나니 그들은 하나님의 계명과 예수에 대한 믿음을 지키는 자니라"(계 14:12).

이 구절에서 환난 중에 인내하며 구원받는 성도들은 하나님의 계명도 지키고 예수에 대한 믿음도 지킨 자들입니다. 즉 이 말씀도 구원을 위하여는 계명을 지키도록 돕는 성령과 예수의 피가 모두 있어야 한다는 것을 증거하는 것입니다. 요한계시록 12장 17절도 같은 말씀을 하고 있습니다.

"용이 여자에게 분노하여 돌아가서 그 여자의 남은 자손 곧 하나님의 계명을 지키며 예수의 증거를 가진 자들과 더불어 싸우려고 바다 모래 위에 서 있더라"(계 12:17).

이 구절도 용과 싸우려는 자들이 하나님의 계명도 지키고 예수의 증거도 가진 자들인 것을 보여주고 있습니다. 즉 환난 중에 사탄의 세력과 싸워 이기기 위하여는 두 가지 모두 즉 계명도 지키고 예수를 믿는 믿음도 있어야하는 것인데 성령의 도움 없이는 계명을 지키기가 어렵습니다. 요한일서 3장 24절을 보겠습니다.

"그의 계명을 지키는 자는 주 안에 거하고 주는 그의 안에 거하시나니 우리에게 주신 성령으로 말미암아 그가 우리 안에 거하시는 줄을 우리가 아느니라"(요일 3:24).

이 말씀은 주 안에 거하는 자는 계명을 지키는 자들인데 성령으로 말미암아 계명을 지키게 된다는 의미입니다. 즉 성령이 계명을 지키도록 인도한다는 것입니다. 다음은 데살로니가후서 2장 13절을 보겠습니다.

"주께서 사랑하시는 형제들아 우리가 항상 너희에 관하여 마땅히 하나님께 감사할 것은 하나님이 처음부터 너희를 택하사 성령의 거룩하게 하심과 진리를 믿음으로 구원을 받게 하심이니"(살후 2:13).

이 구절도 성령이 사람을 거룩하게 하여 구원받게 한다고 말씀하고 있습니다. 다음은 베드로전서 1장 2절을 보겠습니다.

"곧 하나님 아버지의 미리 아심을 따라 성령이 거룩하게 하심으로 순종함과 예수 그리스도의 피 뿌림을 얻기 위하여 택하심을 받은 자들에게 편지하노니 은혜와 평강이 너희에게 더욱 많을지어다" (벧전 1:2).

이 구절도 성령이 거룩하게 한다는 사실과 택한 백성은 예수의 피 뿌림을 얻어야 한다는 것을 말씀하고 있습니다. 즉 이 구절도 거룩하게 되기 위하여는 성령과 예수의 피 모두가 있어야 한다는 것을 말씀하고 있는 것입니다.

이처럼 모세의 때에 거룩하게 하기 위하여 감람유와 동물의 피가 모두 필요했던 것처럼 예수께서 오신 후 2천 년이 지난 지금 마지막 때에도 변함없이 거룩하기 위하여는 성령의 기름 부음과 예수의 피가 모두 필요한 것입니다. 그러므로 성경의 마지막 책인 요한계시록에도 반복하여 언급하고 있는 것입니다.

"감람유와 포도주는 해치지 말라"는 짧은 구절 속에 엄청난 구원의 비밀이 있는 것입니다. 그 비밀을 주님 오실 때가 임박하여 하나님께서 계시해주고 있습니다. 성령이 있고 예수의 피를 의지하는 자는 어떠한 핍박 중에도, 극심한 기근의 고통 중에도 그 믿음이 작아지지 않고 마지막 환난까지도 능히 견디게 할 것입니다. 왜냐하면 주님께서 "감람유와 포도주는 해치지 말라"고 명령해 놓았기 때문입니다.

마지막 때에 환난을 통과하는 두 부류가 있습니다. 하나는 교회이고 하나는 이스라엘입니다. 그러나 모든 교회와 이스라엘이 환난을 통과하며 구원받는 것은 아닙니다. 교회도 이스라엘도 감람유와 포도주가 없이는 즉, 성령으로 거듭나지 않고 예수의 피를 가지지 않으면 구원받지 못합니다. 그러나 이스라엘은 마지막 때에 특별한 은혜를 받습니다. 온 이스라엘이 예수를 믿고 구원받는 은혜입니다. 로마서 11장 25절에서 27절까지를 보겠습니다.

> "형제들아 너희가 스스로 지혜 있다 하면서 이 신비를 너희가 모르기를 내가 원하지 아니하노니 이 신비는 이방인의 충만한 수가 들어오기까지 이스라엘의 더러는 우둔하게 된 것이라" "그리하여 온 이스라엘이 구원을 받으리라 기록된 바 구원자가 시온에서 오사 야곱에게서 경건하지 않은 것들을 돌이키시겠고" "내가 그들의 죄를 없이할 때에 그들에게 이루어질 내 언약이 이것이라 함과 같으니라" (롬 11:25-27).

이 구절은 이방의 모든 사람들이 예수를 믿게 되기까지 유대인들은 예수를 믿지 않는다고 말씀합니다. 지금까지 이 말씀이 응하고 있습니다. 그러나 때가 되면 모든 이스라엘이 믿고 구원을 받는데 그 이유는 하나님께서 그렇게 약속을 하셨기 때문이라고 합니다. 그러면 이스라엘이 모두 주께로 돌아오는 그 때는 언제 이겠습니까? 그 때는 바로 휴거 후 전반 3년 반의 환난기간 동안입니다. 휴거가 일어날 때 온 인류는 예수께서 메시아임을 알게 됩니다. 이방인이나 유대인이나 모두 알게 됩니다. 요한계시록 1장 7절을 보겠습니다.

"볼지어다 그가 구름을 타고 오시리라 각 사람의 눈이 그를 보겠고 그를 찌른 자들도 볼 것이요 땅에 있는 모든 족속이 그로 말미암아 애곡하리니 그러하리라 아멘"(계 1:7).

이 구절은 휴거의 순간에 벌어지는 상황을 묘사한 것입니다. 주님이 오셔서 거룩한 신부들을 데려가는 순간 모든 사람들이 그것을 보게 되는데 거기에는 유대인도 포함되는 것입니다. 여기서 "그를 찌른 자들"은 유대인을 의미하는 것입니다.

휴거가 일어나자 마자 지구에는 엄청난 파괴와 살상이 발생하며 7년 대환난이 시작됩니다. 요한계시록 6장 12절에서 17절까지를 보겠습니다.

"내가 보니 여섯째 인을 떼실 때에 큰 지진이 나며 해가 검은 털로 짠 상복 같이 검어 지고 달은 온통 피같이 되며" "하늘의 별들이 무화과 나무가 대풍에 흔들려 설익은 열매가 떨어지는 것 같이 땅에 떨어지며" "하늘은 두루마리가 말리는 것 같이 떠나가고 각 산과 섬이 제 자리에서 옮겨지매" "땅의 임금들과 왕족들과 장군들과 부자들과 강한 자들과 모든 종과 자유인이 굴과 산들의 바위 틈에 숨어" "산들과 바위에게 말하되 우리 위에 떨어져 보좌에 앉으신 이의 얼굴에서와 그 어린 양의 진노에서 우리를 가리라" "그들의 진노의 큰 날이 이르렀으니 누가 능히 서리요 하더라" (계 6:12-17).

이 구절이 휴거가 발생한 직후에 지구에서 벌어지는 일입니다. 요한계시록은 휴거가 어디에서 발생한다고 직접적으로 언급하지는 않습니다. 요한계시록에는 휴거가 숨어 있는데 그것을 알아내는 것이 요한계시록을 이해하는 핵심 부분입니다. 이 구절은 휴거가 발생하는 순간 온 인류가 예수가 그리스도임을 알게 되는 것을 보여주고 있습니다. 16절 말씀을 다시 보겠습니다.

"산들과 바위에게 말하되 우리 위에 떨어져 보좌에 앉으신 이의 얼굴에서와 그 어린 양의 진노에서 우리를 가리라" (계 6:16).

휴거 직후 엄청난 재앙이 닥치자 사람들이 동굴로 피하여 부르짖습니다. 그런데 이들은 "그 어린 양의 진노에서 우리를 가리라"고 외칩니다. 즉 이들은 지금 심판하는 분이 예수 그리스도임을 알고 있는 것입니다. 예수께서 두 번째 오실 때에는 영광으로 온 나라와 민족이 알게 오는 것입니다. 이방인도 알고 유대인

휴거 되는 성도들

도 알게 오는 것입니다. 그러나 전반 3년 반의 기간에 받는 은혜
는 이방인과 이스라엘이 다릅니다. 전반 3년 반의 환란 기간에
이스라엘은 예수를 믿고 보호를 받게 됩니다. 이스라엘 영토 안
에 있는 이스라엘 백성은 모두 보호받고 구원받게 됩니다. 그것
을 비유로 설명한 것이 요한계시록 12장입니다. 그중 12장 14절
을 보겠습니다.

"그 여자가 큰 독수리의 두 날개를 받아 광야 자기 곳으로 날아가 거
기서 그 뱀의 낯을 피하여 한 때와 두 때와 반 때를 양육받으매"(계
12:14).

이 구절에서 여자는 이스라엘을 의미하며 큰 독수리의 날개는
하나님의 권능을 상징합니다. 한 때와 두 때와 반 때는 3년 반의
기간을 의미하며 양육 받는다는 것은 환난으로부터 보호받고
예수를 믿게 된다는 의미입니다. 즉 나라 전체가 전반 3년 반의
환난을 통과하며 모두 보호받고 구원받게 되는 것은 이스라엘
이 유일한 것입니다.

하나님께서 이렇게 하는 이유는 이스라엘과 약속하였기 때문
이며 또한 하나님께서 이스라엘을 존귀하게 하는 것을 온 세계
에 보여주기 위한 것입니다. 믿지 않던 이스라엘도 휴거가 발생
하면서 한 순간에 주께로 돌아오는데 이것은 하나님의 초자연적
인 역사입니다. 이들은 성령을 받으며 예수를 믿게 될 것인데 이

렇게 되는 순간 이들도 감람유와 포도주 즉 성령과 예수의 피를 갖게 되는 것이며 요한계시록 6장 6절의 예언대로 해함을 받지 않는 것입니다.

이상으로 살펴본 것처럼 교회도 이스라엘도 감람유와 포도주가 모두 필요합니다. 이스라엘이 모두 구원받는 은혜를 입지만 감람유와 포도주 없이 되는 것은 아닙니다. 온 이스라엘이 보호받고 구원받는 것도 성령과 예수의 피를 가졌을 때만 가능한 것입니다. 그럴 때에 "감람유와 포도주는 해치지 말라"라는 말씀이 이스라엘에도 응하는 것입니다. 요한일서 5장 6절에서 8절까지를 보겠습니다.

> "이는 물과 피로 임하신 이시니 곧 예수 그리스도시라 물로만 아니요 물과 피로 임하셨고 증언하는 이는 성령이시니 성령은 진리니라" "증언하는 이가 셋이니" "성령과 물과 피라 또한 이 셋은 합하여 하나이니라" (요일 5:6-8).

이 구절은 예수께서 물과 피로 임하셨다고 합니다. 이 말씀은 예수께서 물세례를 받았고 피 흘려 죽으신 것을 의미합니다. 증언하는 이가 셋이라고 합니다. 이 말씀은 예수께서 메시아임을 증거하는 것이 성령과 물과 피라는 것입니다. 이 말씀은 성령과 물로 거듭난 자들이 예수의 피 흘려 죽으심을 증거한다는 의미입니다.

물세례를 받은 신자들에게 필요한 것은 성령의 기름부음과 예수의 피입니다. 즉 감람유와 포도주입니다. 이 둘은 거룩하게 하는 동일한 능력을 가지므로 하나인 것입니다. 구원의 능력을 입으려면 이 두 가지 모두가 절대로 필요합니다. 성령 충만하여 계명을 지키며 예수의 죽으심을 증거하는 삶을 사는 자들이 구원 받는 자들입니다. 다시 말씀하면 감람유와 포도주는 성령 충만하여 복음을 전하는 교회를 의미하는 것이며 이러한 교회는 사탄이 해치지 못합니다. 왜냐하면 주님께서 "감람유와 포도주는 해치지 말라"고 명령하였기 때문입니다. 고린도전서 11장 23절에서 26절까지를 보겠습니다.

"내가 너희에게 전한 것은 주께 받은 것이니 곧 주 예수께서 잡히시던 밤에 떡을 가지사" "축사하시고 떼어 이르시되 이것은 너희를 위하는 내 몸이니 이것을 행하여 나를 기념하라 하시고" "식후에 또한 그와 같이 잔을 가지시고 이르시되 이 잔은 내 피로 세운 새 언약이니 이것을 행하여 마실 때마다 나를 기념하라 하셨으니" "너희가 이 떡을 먹으며 이 잔을 마실 때마다 주의 죽으심을 그가 오실 때까지 전하는 것이니라"(고전 11:23-26).

이 구절은 성찬식의 의미에 대하여 말씀하고 있습니다. 성찬식은 주의 죽으심을 기념하는 것입니다. 그러나 단순히 돌아가신 주님을 회고하며 떡을 먹고 포도주를 마시는 예식 자체가 성찬식의 진정한 의미는 아닙니다. 성찬식은 주의 죽으심을 회고하되 그리스도의 복음을 전할 것을 마음에 새기는 것에 그 의미가 있는 것입니다.

그러므로 "너희가 이 떡을 먹으며 이 잔을 마실 때마다 주의 죽으심을 그가 오실 때까지 전하는 것이니라"고 말씀하는 것입니다. 여기에 예수의 피 흘림에 대한 깊은 계시가 숨어있습니다. 우리가 예수의 피를 묵상한다는 것은 피 흘린 고통을 안타까워하는 것이 초점이 아닙니다. 우리는 예수의 피를 생각할 때마다 예수께서 우리를 구원하려고 피 흘렸으니 나도 피 흘리기까지 다른 영혼 구원하는데 힘써야 하겠다는 다짐과 열정이 터져 나와야 하는 것입니다. 이것이 예수의 피의 핵심입니다. 이것이 성찬식 때 포도주를 마시는 의미입니다.

즉 포도주는 전도입니다. 영혼 구원입니다. 그러므로 "감람유와 포도주는 해치지 말라"고 하는 것은 성령 충만하여 전도하는 교회는 해치지 말라는 의미이기도 합니다. 즉 환난의 때에 보호받는 교회는 복음을 전하는 교회입니다. 기근의 때에 굶지 않는 교회는 때를 얻든지 못 얻든지 말씀을 전파하는 교회입니다. 그러니 여러분은 평안의 때나 고난의 때나 우리를 위하여 피 흘려 죽으신 예수 그리스도의 영광의 복음의 광채를 환히 비추는 삶을 살아야 하는 것입니다.

이상으로 성경에서 의미하는 기름과 피가 성령과 예수의 보혈을 의미한다는 것에 대한 것을 배웠습니다. 이것은 진리의 초보

휴거 되는 성도들

입니다. 구약의 기름부음이 성령의 기름 부음이고 동물의 피가 예수의 보혈을 상징한다는 것은 대부분의 믿는 자들은 쉽게 알고 있습니다.

그러나 레위기의 기름과 피가 요한계시록 6장의 감람유와 포도주라는 것을 이해하는 것은 간단한 것이 아닙니다. "감람유와 포도주는 해치지 말라"는 의미가 마지막 때를 사는 성도들에게 구원의 비밀인 것을 밝혀내는 것은 놀라운 일입니다. 또한 예수의 피가 말하는 것은 다름이 아닌 전도라는 것도 매우 깊은 해석입니다.

여러분은 지금 "감람유와 포도주는 해치지 말라"는 요한계시록의 짧은 구절을 주제로 한 영적인 설교를 통하여 여러분 스스로 휴거 될 성도인지를 가늠할 수 있게 되었습니다. 지금은 마지막 때이며 여러분은 하늘에서 나팔 소리가 들리는 듯한 세대를 살고 있습니다. 그 날에 공중에서 주를 보는 자들은 성령의 기름부음과 예수의 피를 모두 가진 자들입니다. 그 날에 휴거 되는 성도는 성령 충만하여 주님의 죽으심을 마지막 때까지 전하는 자들입니다.

IV
임박한 휴거

"여호와께서 노아에게 이르시되 너와 네 온 집은 방주로 들어
가라 이 세대에서 네가 내 앞에 의로움을 내가 보았음이니라"
"너는 모든 정결한 짐승은 암수 일곱씩, 부정한 것은 암수 둘씩
을 네게로 데려오며""공중의 새도 암수 일곱씩을 데려와 그 씨
를 온 지면에 유전하게 하라""지금부터 칠 일이면 내가 사십
주야를 땅에 비를 내려 내가 지은 모든 생물을 지면에서 쓸어버
리리라""노아가 여호와께서 자기에게 명하신 대로 다 준행하
였더라"

창세기 7:1-5

13
급히 방주를 지어라

노아의 홍수 때 70억이 죽었습니다. 지금의 세계 인구와 유사합니다. 노아의 홍수 심판은 성경 전체를 통틀어 가장 큰 심판이며 긍휼이 없는 심판이었습니다. 여덟 명의 인간과 동물 몇 쌍을 제외하고 땅 위의 호흡이 있는 모든 것이 멸망하였습니다.

성경에는 하나님께서 심판하시는 장면이 많이 나옵니다. 이스라엘을 심판하며 이방 민족을 심판하기도 합니다. 심판 중에 자비를 베풀기도 하고 긍휼이 없는 심판을 하기도 합니다. 그러나 어떠한 큰 심판도 노아의 홍수 심판과는 견줄 수가 없습니다. 다른 모든 심판을 전부 합하여도 전 인류와 모든 생물을 지면에서 쓸어버린 노아의 홍수 심판과는 비교가 되지 않습니다. 노아의 홍수 때 죽은 사람의 수가 그 이후로 지금까지 심판 받아 죽은 사람의 수 보다 많을지도 모릅니다.

노아는 아담의 10대손이며 홍수는 아담이 지어진 후 1656년째에 발생하였습니다. 그 당시 인간의 수명은 보통 팔 구백 년이었습니다. 그리고 하나님께서는 인간을 지으시고 온 땅에 번성하라고 축복하였습니다. 즉 인간은 천년 가까이 살면서 계속 자손을 낳을 수 있었습니다. 그리고 인구는 기하급수적으로 늘어납니다. 이러한 것을 가정하여 계산하면 그 당시의 인구가 지금과 비슷한 70억 정도였다고 추산을 합니다. 70억 중에 겨우 여덟 명 구원받았습니다. 베드로전서 3장 20절을 보겠습니다.

> "그들은 전에 노아의 날 방주를 준비할 동안 하나님이 오래 참고 기다리실 때에 복종하지 아니하던 자들이라 방주에서 물로 말미암아 구원을 얻은 자가 몇 명뿐이니 겨우 여덟 명이라" (벧전 3:20).

구원을 얻은 여덟 명은 노아 부부와 노아의 세 아들 부부 즉 네 커플입니다. 짐승들도 정결한 것은 일곱 쌍씩 구원을 받았는데 인간이 겨우 네 쌍 밖에 구원받지 못했습니다. 부정한 짐승들은 두 쌍씩 방주로 들어갔습니다. 이것은 그 당시 인간의 타락을 암시하고 있습니다. 홍수로 죽은 인간들의 수준이 부정한 짐승보다는 조금 나았으나 정결한 짐승보다는 못하였다는 것입니다. 그러므로 멸망을 당한 것입니다. 이 홍수로 69억 9천9백9십9만 9천9백9십2명이 죽었고 여덟 명이 살아남았습니다.

하나님께서는 구원할 사람의 수에 연연하지 않았습니다. 구원받을 자의 수가 적어지더라도 구원의 커트라인을 낮추지 않았다는 것입니다. 하나님께서는 구원받을 거룩함의 기준을 창세 이후로 변경하지 않으셨습니다. 여호와께서는 내가 거룩하니 너희도 거룩 하라고 하였습니다. 즉 구원받을 거룩함과 의로움의 기준은 바로 하나님이며 예수 그리스도입니다. 더 많이 구원하기 위하여 하나님께서 스스로 세운 기준을 바꾸지 않습니다.

그러니 그 수가 아무리 적어도 의로운 자만 구원하는 것이며 70억이 아니라 700억중에도 의로운 자가 없으면 하나도 구원하지 않을 수도 있는 것입니다. 그 당시에는 70억이 살았는데 노아만 의로웠습니다. 그 나머지 모든 사람들은 경건하지도 거룩하지도 의롭지도 않았고 순종하지도 않았습니다. 이들은 홍수로 모두 쓸려 내려가 멸망하였습니다.

홍수로 쓸려간 노아의 세대가 어떻게 악하였는지에 대하여 살펴보겠습니다. 창세기 6장 11절에서 13절까지를 보겠습니다.

"그 때에 온 땅이 하나님 앞에 부패하여 포악함이 땅에 가득한지라" "하나님이 보신 즉 땅이 부패하였으니 이는 땅에서 모든 혈육 있는 자의 행위가 부패함이었더라" "하나님이 노아에게 이르시되 모든 혈육 있는 자의 포악함이 땅에 가득하므로 그 끝 날이 내 앞에 이르렀으니 내가 그들을 땅과 함께 멸하리라" (창 6:11-13).

이 구절은 그 당시의 상황을 부패와 포악함으로 표현하고 있습니다. 부패하였다는 말이 세 번 포악하다는 단어가 두 번 쓰여 있습니다. 많은 사람도 아니고 대부분의 사람도 아니고 모든 사람의 행위가 부패하다고 말씀하고 있습니다. 다음은 베드로 후서 2장 5절을 보겠습니다.

"옛 세상을 용서하지 아니하시고 오직 의를 전파하는 노아와 그 일곱 식구를 보존하시고 경건하지 아니한 자들의 세상에 홍수를 내리셨으며" (벧후 2:5).

이 구절에는 노아의 세대를 경건하지 않은 자들이라고 표현하고 있습니다. 다음은 베드로전서 3장 20절을 보겠습니다.

"그들은 전에 노아의 날 방주를 준비할 동안 하나님이 오래 참고 기다리실 때에 복종하지 아니하던 자들이라…" (벧전 3:20).

이 구절은 이들을 복종하지 않은 자들이라고 말씀합니다. 복종하지 않았다는 것은 하나님으로부터 순종하라는 명령을 받았다는 뜻입니다. 즉 죄에서 돌이키라는 말을 듣고도 계속 죄 가운데 있었던 것입니다.

다음은 예수님께서 이들에 대하여 어떻게 말씀하는지를 마태복음 24장 38절, 39절을 통하여 보겠습니다.

"홍수 전에 노아가 방주에 들어가던 날까지 사람들이 먹고 마시고 장

가 들고 시집 가고 있으면서" "홍수가 나서 그들을 다 멸하기까지 깨
닫지 못하였으니 인자의 임함도 이와 같으리라" (마 24:38-39).

주님께서는 이들이 특별히 악하거나 부패하거나 불순종하였
다고 지적하지는 않습니다. 먹고 마시고 시집 장가가는 것 자체
가 죄는 아니기 때문입니다. 그러나 여기서 주님께서 지적하려는
것은 먹고 마시는데 정신을 팔면, 즉 나의 삶에 우선 순위를 두
고 살아가는 사람들은 하나님의 음성을 듣지도 못하고 심판이
다가오는지도 모른 채 멸망하게 된다는 사실입니다.

이 말씀을 노아의 세대 사람들의 특징과 연결하여 해석하면
먹고 마시고 사고 팔고 시집 장가가는 일에 정신이 팔려 있는 사
람은 부패한 사람이고 죄 중에 있는 사람이고 불순종하는 사람
이라는 의미를 내포하는 것입니다. 그러므로 홍수에 휩쓸려간
것입니다. 이상으로 살펴본 홍수로 망한 사람들의 죄성을 다시
정리하면 부패와 악함과 경건치 않음과 불순종과 세상 일, 자신
의 일을 먼저 구하는 것입니다.

반면에 구원받은 노아는 어떠한 사람인지 살펴보겠습니다. 창
세기 6장 8절, 9절을 보겠습니다.

"그러나 노아는 여호와께 은혜를 입었더라" "이것이 노아의 족보니
라 노아는 의인이요 당대에 완전한 자라 그는 하나님과 동행하였으
며" (창 6:8-9).

이 짧은 구절에 노아의 어떠함이 함축적으로 표현되어 있습니다. 노아는 하나님께 은혜를 입은 사람입니다. 노아는 의인입니다. 노아는 완전한 자였습니다. 노아는 하나님과 동행하는 삶을 살았습니다. 다음은 히브리서 11장 7절을 보겠습니다.

"믿음으로 노아는 아직 보이지 않는 일에 경고하심을 받아 경외함으로 방주를 준비하여 그 집을 구원하였으니 이로 말미암아 세상을 정죄하고 믿음을 따르는 의의 상속자가 되었느니라" (히 11:7).

이 구절에는 노아가 믿음이 있는 사람이라고 말씀합니다. 노아는 보이지 않는 일을 믿고 방주를 만든 순종의 사람이었습니다. 그리고 여호와를 경외하는 사람이라고 합니다. 이상으로 살펴본 노아에 대한 말씀을 다시 정리하면 노아는 의인이고, 믿음이 있고, 순종하는 자이고 하나님을 경외하는 완벽한 자입니다. 그러므로 하나님의 은혜를 입어 하나님과 동행하여 방주를 짓고 구원받은 것입니다. 이것이 바로 구원받는 자가 갖추어야 하는 것입니다. 이러한 사람이 구원받는 것이며 휴거 되는 것이며 그 기준은 노아의 때나 지금이나 변하지 않았습니다.

홍수로 심판 가운데 죽은 사람들과 구원받은 노아를 비교해 보았습니다. 세상에는 두 부류의 인간들이 있습니다. 의로운 사람과 부패한 사람입니다. 하나님을 경외하는 사람과 악한 사람입니다. 믿음이 있는 사람과 경건하지 않은 사람입니다. 순종하는 사람과 순종하지 않는 사람입니다. 여러분은 어디에 있습니까? 중간에 있습니까? 그렇다면 이제 한 곳으로 발을 모으십시오. 미지근한 물은 토해 버림을 당합니다.

방주 바깥에 매달려서 구원받지 못합니다. 노아의 홍수 때 물이 차오르고 죽음이 임박할 때 얼마나 많은 사람들이 방주 밖에서 노아를 불렀겠습니까? 그러나 한 번 닫힌 방주의 문은 열리지 않았습니다. 노아는 그 문을 열어 줄 수가 없었습니다. 왜냐하면 그 문은 하나님께서 닫았기 때문입니다. 창세기 7장 16절을 보겠습니다.

"…하나님이 그에게 명하신 대로 들어가매 여호와께서 그를 들여보내고 문을 닫으시니라"(창 7:16).

지금 방주의 문이 열려 있을 때 안으로 들어가십시오. 곧 홍수가 시작됩니다. 주님께서는 인자의 임함도 노아의 때와 같을 것이라고 하였습니다. 주님께서 다시 오시어 자신의 거룩한 신부들을 데리고 갈 때에도 노아의 때와 동일한 상황일 것이라는 것입니다. 온 인류가 부패하고 악할 것이며, 오래 동안 회개하고 순종하라는 말을 들어도 돌이키지 않을 것이며, 먹고 마시고 사고 팔고 시집 장가 가느라 정신이 없을 것이며, 모든 사람이 언제 멸망이 오는지도 모른 채 멸망할 것이며, 매우 적은 수의 사람만 의로움과 거룩함으로 구원의 방주를 준비할 것입니다.

지금의 세상은 이 모든 징조가 응하고 있습니다. 온 세상이 총체적으로 타락하였습니다. 한국도 부패하고 미국도 음란하고 유럽도 타락했고 중동도 악합니다. 교회는 세상보다 더 부패해졌습니다. 목사는 정치인보다 더 탐욕적입니다. 그러나 회개하지 않습니다. 사람들은 점점 더 자신과 돈을 사랑하며 영원히 살 것처럼 먹고 마시고 즐기고 있습니다. 또 한편의 세상은 먹을 양식이 부족하여 병들고 죽어가고 있으며 전쟁 가운데 난민이 되어 생명을 위협받고 있지만 먹고 마시는 자들은 이들을 돕지 않습니다.

왕과 고관부터 문지기와 백성들까지 부패하였고 목사와 장로부터 교인들에게 이르기까지 모든 교회가 타락하였습니다. 예레미야 5장 1절을 보겠습니다.

"너희는 예루살렘 거리로 빨리 다니며 그 넓은 거리에서 찾아보고 알라 너희가 만일 정의를 행하며 진리를 구하는 자를 한 사람이라도 찾으면 내가 이 성읍을 용서하리라" (렘 5:1)

지금 이 말씀이 이 세대에 응하였습니다. 여러분은 이러한 세대 가운데에 살고 있습니다. 소수의 의로운 교회들은 이러한 세대들로 인하여 심령이 상해가고 있습니다. 신부의 상한 심령을 위로하기 위하여서도 신랑 된 주님께서 곧 오실 것입니다.

노아의 홍수 사건에는 하나님께서 어떻게 심판을 이루어 가는

지를 배울 수 있는 교훈이 있습니다. 이러한 교훈은 마지막 때에 사람들이 듣고 배우기에 유익할 뿐 더러 지금 삶에 적용하기 좋은 매우 중요한 것입니다. 왜냐하면 휴거와 심판이 임박하기 때문입니다.

하나님께서는 심판과 구원을 동시에 행합니다. 그리고 심판 전에 심판 받지 않도록 죄에서 돌이키라는 경고를 여러 차례 합니다. 그리하여 죄에서 돌아서고 순종을 할 때에는 구원받고 듣지 않으면 심판을 받습니다. 이러한 하나님의 심판과 구원에 대한 섭리는 변하지 않았습니다.

출애굽의 구원을 이룰 때에도 애굽은 심판하였고 동시에 이스라엘은 구원하였습니다. 애굽에게도 심판 받지 않도록 여러 차례 경고를 하였습니다. 그러나 애굽은 이 경고를 듣지 않아 망하였고 이스라엘은 문설주에 양의 피를 바르라는 말씀에 순종하여 구원받았습니다. 이처럼 하나님의 심판과 구원의 패턴은 일정합니다. 성경은 이러한 하나님의 구원과 심판의 역사로 이루어져 있습니다. 노아의 홍수 사건을 조명하며 하나님의 심판과 구원에 대한 섭리를 다시 한번 상고해 보겠습니다.

첫째, 하나님께서는 심판을 결정하면 우선 자신의 의로운 종에게 알리고 미리 준비를 시킵니다. 이것이 하나님께서 심판의 때에 가장 먼저 행하는 것입니다. 왜냐하면 하나님께서 우선 하는 것은 심판이 아니라 구원이기 때문입니다. 하나님은 인간을 구원하기 위하여 지었지 멸망시키려고 짓지 않았습니다. 창조주 하나님께서 인간에게 가장 원하는 것은 인간이 구원받는 것입니다. 그러므로 심판을 준비하면서도 구원할 사람을 먼저 챙기는 것입니다. 창세기 6장 13절과 18절, 19절을 보겠습니다.

"하나님이 노아에게 이르시되 모든 혈육 있는 자의 포악함이 땅에 가득하므로 그 끝 날이 내 앞에 이르렀으니 내가 그들을 땅과 함께 멸하리라"(창 6:13).
"그러나 너와는 내가 내 언약을 세우리니 너는 네 아들들과 네 아내와 네 며느리들과 함께 그 방주로 들어가고" "혈육 있는 모든 생물을 너는 각기 암수 한 쌍씩 방주로 이끌어 들여 너와 함께 생명을 보존하게 하되"(창 6:18-19).

하나님께서 노아에게 인간들을 멸하기로 작정한 것을 알립니다. 그런 후에 노아에게 구원의 방주를 지으라고 말씀합니다. 그리고 노아와 그 가족을 구원할 것을 약속합니다. 노아에게만 말씀하였습니다. 왜냐하면 그 당시에 의로웠던 사람은 노아 밖에 없었기 때문입니다. 의로운 자 거룩한 자에게는 심판의 때를 알리며 마지막 대환난의 때에도 동일하게 섭리할 것입니다.

둘째, 구원받기 위하여 어떻게 준비해야 하는지를 알려줍니다. 구원의 방주를 짓는 구체적인 설계도를 보여줍니다. 그리고 누가 그 방주에 들어갈 것과 식량을 준비할 것까지 상세하게 알려줍니다. 출애굽 때에도 어떠한 양을 언제 잡아 어디에 피를 바르

휴거 되는 성도들

고 남은 고기는 어떻게 먹고 어떻게 애굽을 나와야 하는지에 대하여 세밀하게 알려주었습니다. 아무 양이나 잡아 아무데나 피를 바르고 아무 날에나 애굽을 떠나라고 하지 않았습니다. 하나님은 정확하고 치밀한 분입니다. 창세기 6장 14절에서 16절까지를 보겠습니다.

> "너는 고페르 나무로 너를 위하여 방주를 만들되 그 안에 칸들을 막고 역청을 그 안팎에 칠하라" "네가 만들 방주는 이러하니 그 길이는 삼백 규빗, 너비는 오십 규빗, 높이는 삼십 규빗이라" "거기에 창을 내되 위에서부터 한 규빗에 내고 그 문은 옆으로 내고 상 중 하 삼층으로 할지니라" (창 6:14-16).

방주의 규격과 안전을 위한 지침이 주어졌습니다. 역청을 바르라고 합니다. 이것은 나무가 물을 먹지 않기 위한 것입니다. 일년 동안 물에 계속 떠 있어야 하므로 역청을 바르지 않으면 나무에 물이 스며들어 가라앉을 것입니다. 그리고 삼 층으로 지으라고 합니다. 이 층으로 지으면 파도를 못 견딜지도 모릅니다. 창문도 만들라고 합니다. 그래야 빛이 배 안으로 들어와 어둡지도 않고 건강에도 도움이 될 것입니다.

길이와 폭과 높이도 정확하게 규격을 주었습니다. 이것 보다 작으면 식량을 충분히 실을 수 없을지도 모릅니다. 아마 동물 몇 종류는 못 들어올지도 모릅니다. 너무 비좁으면 짐승들의 건강을 해칠 수도 있을 것입니다. 규격보다 크게 지으면 배가 암초에 부딪히거나 골짜기에 걸려 움직이지 못할지도 모릅니다. 그러므로 하나님께서는 방주의 크기도 정확하게 자로 재어 정해준 것입니다.

이것은 구원의 지침입니다. 구원의 지침은 매우 구체적입니다. 대강 배의 모양만 갖춘 방주를 노아가 원하는 대로 지으라고 말씀하지 않았습니다. 방주를 하나님의 말씀대로 지어야 구원의 방주 기능을 제대로 할 수 있는 것처럼 사람들은 하나님의 말씀대로 순행하여야 구원받는 것입니다. 구원의 방주가 난파하지 않으려면 계명을 그대로 모두 지켜 행하여야 하는 것입니다.

그 중에 역청 바르는 것이 빠져도 안되며 창을 내는 것을 무시해도 안됩니다. 길이를 한자 작게 하여도 되지 않고 층 수를 하나 작게 하여도 되지 않습니다. 계명을 있는 그대로 모두 지켜야 구원받는 것입니다. 방주를 준비시킨 후에는 먹을 식량을 준비하라고 합니다. 창세기 6장 21절을 보겠습니다.

"너는 먹을 모든 양식을 네게로 가져다가 저축하라 이것이 너와 그들의 먹을 것이 되리라"(창 6:21).

노아의 가족과 짐승들을 위한 식량을 미리 비축하도록 명령합니다. 홍수 가운데 물고기를 잡아먹으라고 지침을 주지 않았습니다. 물로부터 구원받았으나 음식이 모자라 굶어 죽는다면 구원의 방주를 지은 노력이 허사가 될 것입니다. 하나님께서는 이처럼 구원을 위하여는 미리 완전하게 준비시킵니다.

완벽한 배는 물론 충분한 식량까지 모두 준비시킵니다. 대충 준비시키지 않습니다. 인간의 구원은 하나님께, 그리스도께 너무도 중요한 것입니다. 그러므로 완벽하게 준비시키는 것입니다. 그러나 오히려 구원받아야 할 인간들은 자신의 구원을 등한시합니다. 준비를 치밀하게 하지 않습니다.

홍수는 1년 10일 만에 끝났습니다. 1년 10일 동안 먹을 식량이 없으면 굶어 죽습니다. 노아가 일 주일이나 한 달 먹을 식량만 준비하였으면 굶어 죽었습니다. 그러나 많은 사람들은 일 주일 먹을 양식만 있으면 되겠지 하고 생각합니다. 매 주일 예배에 참석하니 구원받겠지 하고 생각합니다. 계명을 모두 지키지 않아도 예수의 피로 구원받겠지 라는 생각을 하며 살아갑니다.

거룩하지 않아도 예수를 구세주로 영접한 적이 있으니 천국은 가겠지 하며 신앙생활을 합니다. 먹고 마시고 즐기면서도 하나님은 사랑이시니 구원하겠지 하고 말합니다. 그러나 말씀의 양식, 기도의 양식, 회개의 양식, 거룩함의 양식을 충분히 비축하지 않으면 홍수로는 구원받으나 결국 기근으로 죽게 될 것입니다.

셋째, 구원받기 위하여는 하나님이 주신 구원의 지침 모두를 바르게 준행해야 합니다. 구원을 이루기 위하여 하나님께서 내린 지침은 백 가지이면 백 가지 모두를 그대로 정확하게 따라야 합니다. 90퍼센트만 하면 되지 않습니다. 99퍼센트를 하여도 부족합니다. 사람이 만든 기계도 매뉴얼 그대로 정확하게 운전하여야 제 기능을 합니다. 조작하는 순서를 바꾸어도 되지 않습니다. 작은 버튼 누르는 것 하나라도 빼먹으면 기계는 움직이지 않습니다. 사람이 만든 기계도 이러하다면 하물며 하나님이 주신 완벽한 구원의 매뉴얼을 등한시하여 이것 저것 빼먹으면 구원이 작동할리 만무합니다. 창세기 6장 22절을 보겠습니다.

"노아가 그와 같이 하여 하나님이 자기에게 명하신 대로 다 준행하였더라"(창 6:22).

노아는 하나님께서 명하신 것을 준행하였습니다. 그런데 "다" 준행하였다고 합니다. 조금 빼먹고 준행하지 않았습니다. 영어 NIV 성경의 표현을 다시 보겠습니다.

"Noah did everything just as God commanded him"(Ge. 6:22).

Noah did everything. 노아가 모든 것을 하였습니다. 하나도 빠뜨리지 않았다는 것입니다. 이 모든 것을 어떻게 하였냐 하면 Just as God commanded. 하나님께서 명하신 그대로 한 것입니다. 여기에는 하나님의 명령을 따르는 두 가지의 포인트가 있습니다. 하나는 모든 것을 해야 합니다. 그 중에 하기 싫은 것이나 어려운 것, 또는 귀찮은 것 한 가지를 빼면 되지 않습니다. 많은 사람들이 이렇게 합니다. 그리고 핑계를 댑니다. 그러나 하나님께는 이러한 핑계가 통하지 않습니다.

둘째 포인트는 명한 그대로, 정확하게, 똑같이 해야 합니다. 비슷하게 하면 통하지 않습니다. 사울도 그렇게 하다가 망했습니다. 모든 짐승을 죽이라고 했는데 살찐 것들 몇 마리는 죽이지 않았습니다. 하나님께 제사하려고 그랬다는 것입니다. 그리고 그것이 하나님께 양해 사항이 될 것으로 믿은 것입니다. 그러나 하나님께서는 제사 지낼 좋은 짐승은 살려 두라고 명한 적이 없습니다. 모두 죽이라고 했습니다. 모두 죽이라고 했으면 그것이 살진 소이든 마른 소이든 어미 양이든 새끼 양이든 모두 죽여야 하는 것입니다. 월급이 3백만 원이면 정확하게 30만 원을 십일조로 바쳐야 합니다. 적당히 20만 원만 하면 안되는 것입니다. 2십 9만 9천 원만 해도 안되는 것입니다.

부모를 공경하라고 했으면 부모 모두를 공경해야 지 엄한 아버지 말만 듣고 어머니에게는 반항하면 되지 않는 것입니다. 소유를 모두 팔아 가난한 자를 도우라고 했으면 그대로 소유를 모두 팔아 도와주어야 하는 것입니다. 소유하고 싶은 만큼 잔뜩 소유하고 남는 것으로 도우면 안된다는 것입니다. 이렇게 하면 사울처럼 되는 것입니다. 구원받지 못하는 것입니다. 왜냐하면 구원의 메뉴얼 그대로 정확하게 모든 것을 작동하지 않았기 때문입니다.

사울이 실제로 살진 짐승을 살린 이유는 제사 후에 자신과 백성들이 먹기 위한 것이었습니다. 이것은 탐심입니다. 사람들이 탐심으로 하나님의 명령을 그대로 따르지 않습니다. 사울은 결국 구원받지 못했습니다. 그러나 노아는 지시한 그대로 완벽하게 준행하였습니다. 그리하여 구원받았습니다.

넷째, 하나님께서는 오래 참고 자비롭고 사랑과 은혜를 많이 베풀지만 일단 심판을 시작하면 긍휼 없이 진멸합니다. 구원할 사람은 모두 구원하였으므로 그 후에는 아무리 맹렬히 심판을 하여도 아쉬움이 없는 것입니다. 창세기 7장 4절을 보겠습니다.

"지금부터 칠 일이면 내가 사십 주야를 땅에 비를 내려 내가 지은 모든 생물을 지면에서 쓸어버리리라"(창 7:4).

모든 생물을 지면에서 쓸어버렸습니다. 40일간 비를 내렸고 땅에서도 물이 올라오게 하였습니다. 조금이라도 살아남는 것이 없도록 가장 높은 산도 물속에 잠기도록 비를 쏟았습니다. 온 지구가 수천 미터 깊이로 물에 잠긴 것입니다. 비가 내리기 시작하여 다시 땅이 마를 때까지 무려 1년 10일이나 걸렸습니다. 심판의 규모나 심판의 기간을 미루어 보건대 하나님의 진노가 얼마나 큰지 상상할 수 있습니다.

이상으로 하나님께서 구원과 심판을 이루어가는 패턴에 대하여 상고해보았습니다. 이것을 다시 정리하면 첫째, 심판이 언제 어떻게 있을지에 대하여 자신의 신실한 종에게 먼저 알리고 구원할 자를 먼저 챙깁니다. 둘째, 구원을 위한 구체적인 지침을 줍니다. 이 지침은 성경을 통하여 계명과 훈계로 여러분에게 모두 주어졌습니다. 셋째, 구원의 지침대로 모든 것을 그대로 행하는 자만 구원받습니다.

그러나 방주는 지었으나 역청을 바르지 않은 자들, 식량을 준비는 하였으나 충분히 준비하지 않은 자들은 구원받지 못하는 것입니다. 예수를 주로 영접은 하였으나 회개하지 않은 자, 거룩하지 않은 자, 돈과 세상을 사랑하는 자는 구원받지 못하는 것입니다. 넷째, 심판 전에 오래 참은 만큼 심판을 작정하면 긍휼과 자비가 없는 맹렬한 심판을 합니다.

지금 홍수심판 보다 더 지독한 심판이 오고 있습니다. 홍수 심판은 1년 동안의 심판이었습니다. 그러나 곧 이루어질 심판은 7년이 걸립니다. 일곱 배 더 무겁습니다. 하나님의 날이 노아의 때처럼 온다고 하였습니다. 여호와의 노여움이 폭풍과 쓰나미처럼 악인의 머리를 칠 것입니다. 노아의 때 보다 더 긍휼이 없을 것입니다. 노아의 때 보다 더 고통스럽게 죽어 갈 것입니다. 노아의 심판은 첫 심판이었고 이 심판은 마지막 심판입니다. 마지막이 처음보다 클 것입니다.

휴거는 곧 일어날 것이고 그 후에는 심판이 시작됩니다. 그러니 지금 방주를 준비하고 그 안으로 들어가십시오. 지금 여러분은 무엇을 하고 있습니까? 방주를 짓고 있습니까? 살 집을 짓고 있습니까? 방주에 창을 내고 역청을 바르고 있습니까? 집을 꾸

미고 있습니까? 말씀과 기도의 양식, 영의 양식을 비축하고 있습니까? 재물을 쌓고 있습니까? 하나님과 동행하고 있습니까? 세상과 동행하고 있습니까? 홍수가 곧 시작될 것입니다. 속히 방주를 지으십시오.

"하나님이 노아에게 명하신 대로 암수 둘씩 노아에게 나아와 방주로 들어갔으며" "칠 일 후에 홍수가 땅에 덮이니" "노아가 육백 세 되던 해 둘째 달 곧 그 달 열이렛날이라 그 날에 큰 깊음의 샘들이 터지며 하늘의 창문들이 열려" "사십 주야를 비가 땅에 쏟아졌더라"

창세기 7:9-12

"물이 백오십 일을 땅에 넘쳤더라 하나님이 노아와 그와 함께 방주에 있는 모든 들짐승과 가축을 기억하사 하나님이 바람을 땅 위에 불게 하시매 물이 줄어들었고" "깊음의 샘과 하늘의 창문이 닫히고 하늘에서 비가 그치매" "물이 땅에서 물러가고 점점 물러가서 백오십 일 후에 줄어들고" "일곱째 달 곧 그 달 열이렛날에 방주가 아라랏 산에 머물렀으며" "물이 점점 줄어들어 열째 달 곧 그 달 초하룻날에 산들의 봉우리가 보였더라" "사십 일을 지나서 노아가 그 방주에 낸 창문을 열고" "까마귀를 내놓으매 까마귀가 물이 땅에서 마르기까지 날아 왕래하였더라" "그가 또 비둘기를 내놓아 지면에서 물이 줄어들었는지를 알고자 하매" "온 지면에 물이 있으므로 비둘기가 발 붙일 곳을 찾지 못하고 방주로 돌아와 그에게로 오는지라 그가 손을 내밀어 방주 안 자기에게로 받아들이고" "또 칠 일을 기다려 다시 비둘기를 방주에서 내놓으매" "저녁 때에 비둘기가 그에게로 돌아왔는데 그 입에 감람나무 새 잎사귀가 있는지라 이에 노아가 땅에 물이 줄어든 줄을 알았으며" "또 칠 일을 기다려 비둘기를 내놓으매 다시는 그에게로 돌아오지 아니하였더라" "육백일 년 첫째 달 곧 그 달 초하룻날에 땅 위에서 물이 걷힌지라 노아가 방주 뚜껑을 제치고 본 즉 지면에서 물이 걷혔더니" "둘째 달 스무이렛날에 땅이 말랐더라" "하나님이 노아에게 말씀하여 이르시되" "너는 네 아내와 네 아들들과 네 며느리들과 함께 방주에서 나오고" "너와 함께 한 모든 혈육 있는 생물 곧 새와 가축과 땅에 기는 모든 것을 다 이끌어내라 이것들이 땅에서 생육하고 땅에서 번성하리라 하시매" "노아가 그 아들들과 그의 아내와 그 며느리들과 함께 나왔고"

창세기 7:24-8:18

14
속히 방주로 들어가라

노아의 홍수 사건을 묵상하면 두 가지 놀랄 만한 것을 발견하게 됩니다. 하나는 그 심판의 참혹성입니다. 여덟 명의 인간과 동물 몇 쌍을 제외하고 땅 위의 호흡 있는 것들이 모두 진멸되었습니다. 지구 전체가 일 년간 물에 잠기는 큰 심판이었습니다. 또 다른 놀랄 만한 사실은 사천 년 전에 발생한 이 사건을 진행 순서대로 날짜를 알 수 있도록 기록해 놓았다는 사실입니다. 노아가 방주에 들어간 날부터 땅이 모두 마르기까지 열 두 차례나 진행 상황을 날짜별로 정확하게 알 수 있게 해 놓았습니다.

이것은 평균 한달 간격으로 홍수가 진행되는 것을 기록한 것입니다. 큰 홍수로 모두 심판하였다는 짧은 기록만으로도 충분할 것 같은데 홍수가 시작된 날과 끝난 날은 물론 방주가 산 꼭대기에 머무른 날과 심지어는 땅이 말랐는지를 확인하기 위하여 비둘기를 내 놓은 날까지 알 수 있게 기록해 놓았습니다. 이렇게 홍수 심판의 일지를 성경에 상세히 기록해 놓았다는 사실이 놀랍고 흥미롭습니다.

주님께서는 노아의 때를 마지막 때의 비유로 말씀한 적이 있습니다. 인자의 임함도 노아의 때와 같을 것이라고 하였습니다. 주님께서 이렇게 말씀한 것은 단순히 마지막 때의 징조를 가르치기 위한 것만은 아닙니다. 주님께서 노아의 때와 주님이 다시 오실 때가 같을 것이라고 말씀한 배경에는 노아의 홍수에 대하여 공부하라는 의미가 있습니다. 왜냐하면 노아의 홍수 심판은 마지막 때의 심판에 대한 모형이기 때문입니다. 즉 노아의 홍수에 대하여 잘 공부함으로 마지막 때를 더 잘 준비할 수 있다는 의미가 있는 것입니다.

수천 년 전에 발생한 홍수 심판의 일정을 정확하게 알도록 하였다면 무슨 이유가 있을 것입니다. 하나님께서는 정확하고 세밀한 분입니다. 이러한 성품을 가진 하나님께서 의미 없이 날짜를 적어 놓지 않았을 것이라고 쉽게 짐작할 수 있습니다. 성경에서 무의미하게 사용된 단어는 한자도 없습니다. 다만 인간들은 지혜와 지식의 한계로 그 뜻을 모두 알지 못할 뿐입니다. 이러한 사실을 전제로 지금부터는 홍수 심판이 일정별로 기록되어 있는 이유에 대하여 함께 상고해보겠습니다.

첫째, 노아의 홍수 사건이 진행 순서를 따라 날짜가 기록된 것은 요한계시록의 7년 대환난도 발생한 순서대로 기록되었다는 힌트를 제공합니다. 이것을 깨닫는 것이 중요한 이유는 요한계시록을 읽을 때 사건이 발생 순서대로 기록되었다는 전제가 흔들리면 해석을 바르게 할 수 없기 때문입니다. 그러므로 하나님께서는 홍수 심판에서 그 예를 미리 보여준 것입니다.

둘째, 노아의 홍수에 날짜들이 기록된 것은 마지막 때의 7년 대환난도 진행되는 날짜와 기간을 알 수 있다는 것을 암시하는 것입니다. 즉 어떤 심판이 몇 월 며칠 즈음에 일어날지에 대하여 알 수 있다는 것입니다. 계시록에는 5개월의 기간과 두 번의 3년 반 기간이 언급되어 있습니다. 그러므로 자세히 분석을 하면 큰 틀 안에서 언제 어떤 심판이 발생하는지를 알 수 있습니다. 하나님께서는 심판 중에도 미리 알게 하고 피할 길을 찾도록 도우는 것입니다.

셋째, 홍수 사건이 진행순서를 따라 그 날짜가 정확하게 기록된 것은 홍수 심판 중의 특별한 사건과 대환난 중의 어떠한 사건이 같은 날에 발생한다는 것을 계시하는 의미가 있습니다. 즉 마지막 때에 중요한 어떤 일이 몇 월 며칠에 일어나는지를 암시하려고 사천 년 전의 홍수 일지에 날짜를 기록해 놓은 것입니다. 즉 마지막 때의 심판 별 날짜와 기간에 대하여 알게 하여 미리 환난을 준비하도록 하기 위한 것입니다.

본문 말씀에는 홍수가 시작되어서 심판이 끝나고 땅이 마른 날까지의 상세한 기록이 있습니다. 그 내용을 일자별로 요약하여 말씀드리겠습니다. 이 날짜들은 히브리 달력을 기준으로 한 것입니다.

첫째, 노아가 육백 세 되던 해 2월 10일에 방주로 들어갔습니다.

둘째, 7일 후인 2월 17일에 홍수가 시작되었습니다.

셋째, 40일간 비가 내렸습니다. 즉 3월 27일까지 비가 내렸습니다.

넷째, 물이 150일 동안 즉 2월 17일에서 7월 19일까지 땅에 넘쳤습니다.

다섯째, 7월 20일부터 물이 줄어들기 시작하였습니다.

여섯째, 홍수가 시작된 지 만 5개월이 되는 7월 17일에 방주가 아라랏 산에 머물렀습니다.

일곱째, 10월 1일에 산들의 봉우리가 보였습니다.

여덟째, 산봉우리들이 보인 40일 후 즉, 11월 12일에 땅이 말랐는지 확인하기 위하여 까마귀와 비둘기를 내놓았습니다.

아홉째, 7일 후인 12월 19일에 두 번째로 비둘기를 방주에서 내 놓았습니다.

열째, 7일 후인 12월 26일에 세 번째로 비둘기를 방주에서 내 놓았습니다.

열한째, 다음 해 노아가 601세 되던 해 1월 1일에 지면에서 물이 모두 걷혔습니다.

열두째, 2월 27일에 땅이 모두 말랐습니다.

이상으로 살펴본 것처럼 성경은 홍수 심판의 시작에서 끝까지의 진행 과정을 모두 열 두 차례나 날짜를 알려주고 있습니다. 시작한 때와 끝을 맺은 날은 물론 중간의 진행 상황을 현장에서 중계 방송하듯이 상세하게 기록하였습니다. 여기에 주어진 날짜와 사건별 기간에 대하여 제가 받은 영감 중 일부를 여러분과 나누어 보겠습니다.

첫째, 홍수 심판이 대환난을 어떻게 반영하는지를 살펴보겠습니다. 큰 의미로 홍수는 7년 대환난을 상징하는 것입니다. 그러나 한편으로는 7년 환난 중에서도 대접 심판의 모형이라는 영감을 받습니다. 그렇게 영감을 받는 이유는 다음과 같습니다.

첫째로 대접 심판은 마지막 심판이며 가장 크고 맹렬한 재앙입니다. 그러므로 세상을 모두 쓸어버린 홍수심판의 성격과 잘 부합됩니다.

둘째로 대접 심판의 기간이 홍수 심판의 기간과 비슷한 1년 정도입니다. 대접 심판의 기간이 1년 정도라는 것은 요한계시록의 정황을 잘 분석하면 알 수 있습니다.

셋째로 홍수 심판 후에 노아가 새 땅을 밟은 것은 마지막 대접 심판 후에 그리스도가 땅에 재림하여 천년왕국을 여는 예표입니다.

이와 같은 이유를 근거로 하면 홍수 심판은 대접 심판의 모형이라 할 수 있으며 홍수 심판의 진행 별 날짜는 일곱 대접의 재앙이 발생하는 날짜들을 예시하여 보여주는 것이라는 영감을 받는 것입니다.

두번째로는 홍수의 심판 일정 중 노아가 방주에 들어간 날에 대하여 나누어 보겠습니다. 노아가 방주에 들어간 것은 심판 전에 구원받은 것을 의미합니다. 즉 노아가 방주로 들어간 것은 그리스도께서 그의 신부들을 데리고 가는 휴거를 상징하는 것입니다. 그렇다면 노아가 방주로 들어간 날이 히브리 달력으로 1월 10일이므로 휴거도 같은 날인 1월 10일에 발생하는 것을 계시하는 것이겠습니까? 그런데 이처럼 단순하게 적용하여 해석을 하면 몇 가지 문제가 있습니다. 우선 성경은 그 날과 시간은 아무도 모른다고 하였습니다. 그러므로 휴거의 정확한 날짜를 성경에 계시해 놓지는 않았을 것입니다.

그리고 절기에 대하여 설교를 들은 분들은 휴거가 하나님의 절기를 맞추어 발생할 것이라고 이해를 하고 있습니다. 그러나 노아가 방주로 들어간 날인 1월 10일은 절기와 상관이 없습니다. 그러니 노아가 방주에 들어간 날인 1월 10일이 환난 전에 일어나는 휴거의 날이라고 해석하는 것은 무리가 있는 것입니다. 그럼에도 불구하고 방주로 들어가는 것이 휴거의 모형이라고 한다면 환난 전의 휴거 외에 또 다른 휴거가 있을 가능성을 상정해볼 수 있습니다. 요한계시록 20장 4절을 보겠습니다.

"또 내가 보좌들을 보니 거기에 앉은 자들이 있어 심판하는 권세를 받았더라 또 내가 보니 예수를 증언함과 하나님의 말씀 때문에 목 베임을 당한 자들의 영혼들과 또 짐승과 그의 우상에게 경배하지 아니하고 그들의 이마와 손에 그의 표를 받지 아니한 자들이 살아서 그리스도와 더불어 천 년 동안 왕 노릇 하니"(계 20:4).

이 구절에는 짐승의 표를 받지 않은 사람들이 살아서 그리스 도와 더불어 왕 노릇을 한다는 표현이 있습니다. 여기서 살아서 의 의미는 죽었다가 살아났다는 의미 즉 부활했다는 뜻입니다. 그렇다면 이 사람들은 7년 환난 가운데 짐승의 표를 받지 않아 죽임을 당했는데 언제 다시 살아나서 주님과 함께 왕 노릇을 하 는 것이겠습니까?

성경에는 이에 대한 직접적인 설명이 없습니다. 어떤 사람들은 주님이 지상에 재림할 때에 부활한다고 말합니다. 그러나 그렇 게 해석하면 문제가 있습니다. 지상에 재림할 때 부활하면 주님 의 혼인 잔치에 참여하지 못한 것이 되기 때문입니다. 주님께서 결혼식도 하지 않고 신부를 삼지는 않을 것입니다.

어린 양의 혼인잔치는 계시록의 19장에 소개됩니다. 그렇다면 이 사람들, 환난 가운데 믿음 안에서 죽은 사람들도 주님 재림 전에 언제인가 부활하여 휴거 되어야 하는 것입니다. 늦어도 혼 인 잔치가 벌어지는 계시록의 19장 전에는 부활하여 휴거 되어 야 하는 것입니다. 이 때가 언제 이겠습니까? 이 날이 바로 노아 가 방주로 들어간 1월 10일일 가능성이 있는 것입니다. 다시 정 리하면 주님의 지상 재림 직전에 어린 양의 혼인 잔치가 있는데 그 전에 또 다른 휴거가 있을 것입니다. 이 때에 휴거 되는 자들 은 환난 중에 구원받고 죽은 자들이며 이 사람들이 휴거 되는 날이 노아가 방주에 들어간 날과 같은 날인 1월 10일이 될 수 있 다는 것입니다.

세번째로 노아가 방주에서 나와 새 땅을 밟은 날에 대하여 상고해보겠습니다. 노아가 방주에서 나온 날은 심판이 모두 끝나고 새로운 세상이 시작되는 날입니다. 이 날은 죄가 모두 심판받았으므로 더 이상 죄가 없는 새 하늘 새 땅이 열린 날입니다. 성경은 땅이 마른 날이 2월 27일이라고 합니다. 그런 후 하나님께서 노아에게 방주에서 나오라고 명하십니다. 노아가 배에서 나온 날에 대하여는 날짜를 언급하지 않았지만 그 날이 2월 28일이 될 것이라는 사실은 앞으로 설명할 다른 사건의 날짜와 연결하여 해석함으로써 이해를 할 수 있습니다.

노아가 새 땅을 밟은 날로 추정되는 2월 28일은 기독교 역사상 매우 큰 두번의 사건이 발생한 날이기도 합니다. 하나는 주님께서 승천한 사건입니다. 주님은 유월절 밤에 잡히어 1월 15일 오후에 죽었습니다. 그리고 3일 후인 1월 18일에 부활하였습니다. 그리고 부활하신 후 40일간 사람들에게 보였습니다. 그런 후에 승천하였습니다. 승천한 날짜를 계산하면 2월 28일입니다.

노아가 밟은 새 땅은 하늘의 뜻이 땅에서도 이루어진 것, 즉 하늘과 땅이 통일된 것입니다. 예수께서 승천한 이유도 하늘과 땅을 성령으로 통일시키기 위한 것입니다. 에베소서 1장 10절과 요한복음 16장 7절을 보겠습니다.

"하늘에 있는 것이나 땅에 있는 것이 다 그리스도 안에서 통일되게 하려 하심이라" (엡 1:10).

"그러나 내가 너희에게 실상을 말하노니 내가 떠나가는 것이 너희에게 유익이라 내가 떠나가지 아니하면 보혜사가 너희에게로 오시지 아니할 것이요 가면 내가 그를 너희에게로 보내리니"(요 16:7).

이처럼 예수님의 승천과 노아가 방주에서 나온 날의 의미가 같으므로 같은 날에 이루어지도록 섭리한 것입니다.

다른 하나의 큰 사건은 예루살렘의 통일입니다. 이스라엘은 1967년 6월 5일부터 10일까지 6일전쟁을 통하여 국토를 넓히고 절반만 소유하던 예루살렘의 나머지를 적으로부터 점령하여 예루살렘을 통일하였습니다. 예루살렘을 통일한 날은 일반 달력으로 1967년 6월 7일인데 이 날은 히브리 달력으로는 2월 28일입니다. 요르단이 소유하던 절반의 예루살렘은 땅을 상징하며 이스라엘이 소유하던 절반의 예루살렘은 하늘을 상징합니다. 이 둘이 하나로 통일된 것은 하늘과 땅이 통일된 의미입니다. 그러므로 예루살렘의 통일도 2월 28일에 이루어지도록 섭리한 것입니다.

이 두번의 큰 사건, 주님의 승천과 예루살렘의 통일이 노아가 새 땅을 밟은 날과 같은 날인 2월 28일에 발생하였다는 사실은 왜 노아의 홍수 사건에 구체적인 날짜를 기록하였는지 그 이유를 다시 한번 깨닫게 합니다. 같은 의미의 사건이 같은 날 발생한다는 것을 보여주므로 미래의 중요한 일들이 발생할 날짜를 계시해 주는 것입니다.

그리하여 천년왕국이 시작되는 날도 알려주고 있습니다. 노아가 방주에서 나와 새 땅을 밟은 사건은 환난 후에 주님이 재림하여 천년왕국을 새롭게 여는 사건과 그 의미가 동일합니다. 왜냐하면 천년왕국도 이 땅의 죄가 모두 심판 받은 후에 새롭게 시작되는 새 하늘과 새 땅이기 때문입니다. 그러므로 노아가 새 땅을 밟은 날과 같은 날인 2월 28일에 천년왕국이 시작될 것이라는 영감을 받게 됩니다. 그리고 이 영감은 앞으로 전개되는 설명을 통해 이해가 더욱 분명해질 것입니다.

다음은 주님이 지상에 재림하는 날에 대하여 고찰을 해보겠습니다. 주님 재림의 날을 여기서 다루는 이유는 기왕에 천년왕국이 시작되는 날에 대하여 다루었기 때문에 계속 연결하여 설명하면 이해가 쉽기 때문입니다. 성경은 주님께서 땅에 내려오시는 날이 언제 인지에 대하여 직접적으로 말씀하지 않습니다. 그러나 천년왕국이 언제 시작하는지를 알면 주님의 재림 날짜도 유추해서 알 수 있도록 되어 있습니다.

그러므로 천년왕국이 시작되는 날이 2월 28일이라는 가정을 기준으로 그리스도의 지상 재림의 날에 대하여 풀어 보겠습니다. 그리하여 천년왕국이 2월 28일에 시작한다는 사실과 주님의 지상 재림의 날이 언제 인지를 동시에 풀어 설명하겠습니다. 요한계시록 19장 11절을 보겠습니다.

"또 내가 하늘이 열린 것을 보니 보라 백마와 그것을 탄 자가 있으니

그 이름은 충신과 진실이라 그가 공의로 심판하며 싸우더라"(계
19:11).

이 구절이 마지막 환난이 다 끝나고 주님께서 땅으로 내려오
는 장면입니다. 주님이 땅에 오신 후 먼저 하는 것은 적그리스도
와 그 군대를 진멸하는 것입니다. 이 전쟁은 몇 날 걸리지 않을
것입니다. 이 전쟁의 날 수가 며칠인지 성경에 나와있지는 않지
만 아마도 6일간 싸우고 7일째 쉬지 않을까 상상해봅니다. 그런
후에 사탄을 결박하고 천년왕국을 여는 것입니다. 다니엘 12장
11절, 12절 말씀을 보겠습니다.

"매일 드리는 제사를 폐하며 멸망하게 할 가증한 것을 세울 때부터
천이백구십 일을 지낼 것이요" "기다려서 천삼백삼십오 일까지 이르
는 그 사람은 복이 있으리라"(단 12:11-12).

다니엘은 마지막 때를 예언하는 선지자이며 이 구절은 다니엘
서의 마지막 장 끝 부분입니다. 그러므로 이 구절의 말씀은 마지
막 때 중에서도 맨 끝 부분에 대하여 말씀하는 것입니다. 11절의
말씀은 적그리스도가 후반 3년 반, 즉 1290일 동안 성전을 더럽
히고 성도들을 핍박하는 것을 의미합니다. 12절은 이러한 기간
을 지낸 후 기다려서 1335일을 채우는 사람은 복이 있다고 말씀
합니다. 1335일에서 1290일을 빼면 45일이 됩니다.

이 말씀은 대환난이 모두 끝날 때까지 살아남은 사람들이 45일을 더 기다릴 수 있으면 복이 있다고 말씀하는 것입니다. 그 이유는 45일을 더 지내는 사람은 주님의 재림과 천년왕국을 볼 수 있기 때문입니다. 즉 이 45일의 기간은 주님께서 재림하여 천년왕국을 여는 때까지의 기간입니다. 주님은 천년왕국을 세우기 45일 전에 지상에 재림하는 것입니다.

그렇다면 주님이 재림하는 날을 계산해 보겠습니다. 천년왕국이 시작되는 날인 2월 28일에서 45일을 빼면 그 날짜가 계산됩니다. 이 계산의 답은 1월 14일입니다. 놀랍게도 이 날 밤은 유월절입니다. 몇 년도인지는 모르지만 유월절 밤에 주님이 지상에 재림합니다. 그리고 절기에 대하여 배운 것을 상기하면 주님은 절기 즈음에 재림해야 합니다. 이 조건에도 정확하게 부합합니다.

2월 28일이 얼마나 중요한 날짜인지를 다시 한번 확인하는 순간입니다. 2월 28일과 다니엘서 12장 11절, 12절에 숨어 있는 45일의 기간을 연결함으로 천년왕국이 시작되는 날이 2월 28일이라는 것이 다시 확인이 되고 주님 재림의 날이 유월절이라는 계시가 열린 것입니다.

다니엘서의 1290일과 1335일의 비밀이 참으로 큽니다. 창세기와 다니엘서와 요한계시록의 세 권을 모두 연결하여 묵상하지 않으면 천년왕국이 열리는 날과 주님께서 지상에 재림하는 날에 대한 비밀을 풀 수 없습니다. 크고 비밀한 계시는 인간의 지혜로 알 수 없습니다. 이것을 감추어 놓은 분도 하나님이고 드러내어 알게 하는 분도 하나님입니다. 하나님께서는 여기 저기에 비밀을 감추어 놓고 필요한 때에 필요한 사람에게 필요한 만큼 알게 합니다. 하나님의 계시는 그 날짜와 숫자에 있어서도 한치의 오차가 없습니다.

3천5백 년 전 유월절 밤에 어린 양의 피로 이스라엘을 구원한 하나님께서 2천 년 전 정확하게 같은 날 유월절에 인류를 구원하기 위하여 예수 그리스도를 죽게 하였고 동일한 하나님께서 다시 동일하게 유월절에 주님을 이 땅에 보내어 사탄을 결박하고 우리를 구원하는 것입니다.

4천 년 전 2월 28일에 노아를 새 땅에 내 놓으신 하나님께서 2천 년 전 같은 날 2월 28일에 그리스도를 승천케 하고 같은 하나님께서 1967년 같은 날 2월 28일에 예루살렘을 통일시켰습니다. 그리고 동일한 하나님께서 같은 날 2월 28일에 예수께서 다스릴 새로운 천년왕국을 열려고 합니다.

이상으로 홍수 심판이 마지막 심판을 어떻게 반영하는 지와 얼마나 밀접한 상관 관계가 있고 마지막 때를 준비하는 사람들이 홍수 심판을 얼마나 큰 교훈으로 알고 묵상해야 하는 지의 중요성에 대하여 살펴보았습니다. 아울러 하나님께서 열어 알게 하신 마지막 때와 관련한 귀한 계시들에 대하여도 이해를 하였습니다.

그러나 지금 여러분에게 더욱 중요한 것은 이러한 계시를 많이 알게 되었다는 사실이 아닙니다. 성경 말씀이 많이 깨달아져 천년왕국이 시작되는 날과 주님이 땅으로 내려오는 날을 알더라도 대환난이 끝나기 전에 또 다른 휴거가 있을 것이라는 비밀을 깨닫게 되어도 여러분이 방주에 들어와 있지 않으면 그러한 크고 비밀한 것을 알고 있는 것이 무슨 소용이 있겠습니까?

어떤 사람은 이러한 모든 계시와 비밀을 배웠지만 삶은 전혀 변하지 않습니다. 계속 죄 가운데에 있으며 죄를 지적 받아도 회개하지 않습니다. 이들은 인터넷에 떠다니는 해로운 것은 많이 먹으면서 말씀을 먹는 데는 관심이 없습니다. 기도와 말씀을 위하여 모이기에는 힘을 쓰지 않으면서 마지막 때 준비를 위하여 일을 그만두거나 일하는 시간을 줄인다고 합니다. 이것은 건강한 믿음이 아니며 이렇게 하는 것은 미혹입니다.

이제 시간이 얼마 남지 않은 것을 사탄도 압니다. 그러므로 속이는 단수도 점점 높아지고 있습니다. 주님께서 마지막 때에 조심해야 할 것 중 첫째가 미혹 받지 말라는 것이었습니다. 그 이유가 있는 것입니다. 부디 죄는 모양이라도 버리십시오. 작은 죄 하나가 올무가 되어 미혹되어 돌아오지 못할 수 있습니다. 이제는 때가 너무 가까우므로 새롭게 죄를 지었다가 다시 돌아올 시간이 없습니다. 지금은 회개할 시간 밖에 없습니다. 계시를 몰라도 매일 새벽 예배에 참여하는 사람, 하루의 첫 시간을 하나님께 드리는 사람이 구원받는 사람입니다. 휴거의 때를 몰라도 쉬지 않고 기도하며 금식하는 사람이 휴거 되는 사람입니다. 환난의 시간표를 몰라도 성경을 주야로 묵상하는 사람, 복음을 전하는 사람이 환난을 피할 사람입니다.

하나님께서 마지막 때와 관련하여 어렵고 비밀한 것을 알게 하는 이유는 더 잘 준비하라는 뜻입니다. 많이 알수록 더욱 겸손해지고 회개와 거룩함으로 구원의 방주를 스스로 짓고 그 안으로 들어가야 할 것입니다. 홍수의 심판에 대하여 묵상을 하는 것도 이러한 심판을 피할 지혜를 얻기 위한 것입니다. 심판 받지 않고 들림 받을 수 있게 하기 위한 것입니다.

휴거가 임박합니다. 하늘에서는 방주가 차기를 기다리고 있습니다. 지금 초대받은 자들이 들어오지 않고 있습니다. 밭을 사고 소를 사고 장가들어서 들어오지 않습니다. 그리하여 길에서 가난한 자와 보지 못하는 자와 저는 자들을 불러 채우고 있습니다. 방주가 차면 문이 닫힙니다.

비가 불어 목숨이 위태해진 사람들이 아마도 방주를 두드리며 노아에게 문을 열어 달라고 애원했을 것입니다. 노아는 문을 열어 주고 싶었을 것입니다. 의로운 노아는 배의 문을 두드리는 사람들을 위하여 하나님께 중보를 하였을 것입니다. 그러나 한 번 닫힌 방주의 문은 열리지 않았습니다. 이것이 휴거입니다. 휴거는 방주의 문이 다시 열리지 않는 것입니다. 이제 방주가 거의 찼고 곧 닫히려 합니다. 그러니 이제 여러분은 하던 일손을 놓고 서둘러 방주 안으로 들어가십시오.

"그러나 주의 날이 도둑 같이 오리니 그 날에는 하늘이 큰 소리로 떠나가고 물질이 뜨거운 불에 풀어지고 땅과 그 중에 있는 모든 일이 드러나리로다""이 모든 것이 이렇게 풀어 지리니 너희가 어떠한 사람이 되어야 마땅하냐 거룩한 행실과 경건함으로""하나님의 날이 임하기를 바라보고 간절히 사모하라 그 날에 하늘이 불에 타서 풀어지고 물질이 뜨거운 불에 녹아지려니와""우리는 그의 약속대로 의가 있는 곳인 새 하늘과 새 땅을 바라보도다""그러므로 사랑하는 자들아 너희가 이것을 바라보나니 주 앞에서 점도 없고 흠도 없이 평강 가운데서 나타나기를 힘쓰라"

베드로후서 3:10-14

15
여호와의 급한 구원

휴거의 날과 시간은 아무도 모릅니다. 몇 년 몇 월 며칠에 주 님께서 오시어 성도들을 데려갈지 누구도 알 수 없습니다. 성경 은 주의 날이 도둑 같이 온다고 말씀합니다. 그러나 주님 오시는 날이 언제 일지는 알 수 없어도 그 날이 임하기를 간절히 사모하 라고 말씀합니다. 이 말씀은 주님을 살아서 볼 수 있기를 소망하 라는 것이며 주님 오시는 날에 들림 받으라는 의미입니다.

본문에는 주님 오시는 날에 하늘이 큰 소리로 떠나가고 물질 이 뜨거운 불에 풀어진다고 합니다. 즉 휴거 후에는 세상에 큰 심판의 재앙이 온다는 것이며 들림 받지 못한 교회는 큰 환난으 로 들어간다는 것입니다. 교회가 이러한 환난을 피하고 휴거 될 수 있기 위하여 본문은 몇 가지를 당부합니다.

첫째, 거룩하고 경건한 삶을 살라고 합니다. 본문 11절을 보 겠습니다.

"이 모든 것이 이렇게 풀어 지리니 너희가 어떠한 사람이 되어야 마
땅하냐 거룩한 행실과 경건함으로" (벧후 3:11).

마땅히 거룩한 행실과 경건함으로 살아야 한다고 말씀합니다.
아버지께서 거룩하므로 거룩한 자녀만 데려갑니다. 신랑이 거룩
하므로 거룩한 신부만 데리고 올라갑니다.

둘째로 휴거의 날이 임하기를 간절히 기다리며 사모하라고 말
씀합니다. 본문 12절을 보겠습니다.

"하나님의 날이 임하기를 바라보고 간절히 사모하라 그 날에 하늘이
불에 타서 풀어지고 물질이 뜨거운 불에 녹아지려니와" (벧후 3:12).

영어성경 NIV에는 하나님의 날이 빨리 오기를 기대하라고 표
현하고 있습니다. 준비된 성도는 그날을 사모하며 기다립니다. 그
날이 빨리 오기를 간절히 바랍니다. 주의 재림에 소망을 두는 것
은 믿음이 있다는 증거이며 그러한 교회가 휴거 되는 교회입니
다. 주의 날에 대한 간절함이 없다는 것은 준비가 되지 않았다는
것과 같습니다. 준비되지 않은 교회는 올라가지 못합니다.

셋째는 흠 없이 평강한 마음으로 주를 만날 수 있게 준비하라
고 합니다. 본문 14절 말씀을 보겠습니다.

"그러므로 사랑하는 자들아 너희가 이것을 바라보나니 주 앞에서 점

도 없고 흠도 없이 평강 가운데서 나타나기를 힘쓰라"(벧후 3:14).

이 말씀은 첫번째 당부한 거룩한 삶을 살라는 것과 같은 뜻입니다. 점도 흠도 없어야 한다는 것은 온전히 계명을 지키고 순종하는 삶을 살라는 것입니다. 그리고 평강을 유지하라고 합니다. 믿음 안에서 평안하기 위하여는 평강을 해치는 것이 마음에 없어야 합니다. 세상 근심이 없어야 합니다. 욕심이 없어야 합니다. 아무도 원망하거나 미워하는 마음이 없어야 합니다. 이러한 교회가 들림 받는 교회입니다.

이상의 말씀을 다시 정리하면 주의 날이 언제 올지 모르지만 그 날에 휴거 되지 못하여 심판 받지 않도록 평강 가운데 거룩하게 살고 또한 그 날이 빨리 오기를 갈망하며 믿음 생활을 하라는 것입니다. 오늘 이 말씀을 우리 모두에게 적용해보기 원합니다.

그 중에서 우선 주의 날이 오기를 간절히 사모하며 기다리라는 말씀에 대하여 나누고자 합니다. 여러분은 지금 주님의 재림을 정말로 간절히 바라며 기다리고 있습니까? 결혼식을 준비하는 신부처럼 그 날을 손꼽아 기다리고 있습니까? 주의 날이 오기를 갈망하라는 말씀에 진심으로 감동을 받아본 적은 있습니까? 성경이 그렇게 가르치는 것은 알지만 잘 되지 않아 스스로 고민을 해본 적이라도 있습니까? 이러한 감동은 없을지라도 혹시 주님의 재림과 휴거가 가깝다는 메시지가 불편하지는 않습니까? 주의 재림과 휴거에 대한 소망과 믿음을 가진 사람들에게서 거리감을 느끼거나 교제를 피하고 싶어 한 적은 없습니까?

주님 오실 때가 정말 가까우니 잘 준비해야 합니다 라고 말하는 사람에게 혹시 이천 년 전에도 곧 온다고 했는데 아직도 안 왔어요 라는 식의 응답을 한 적은 없습니까? 이 응답은 저는 주의 재림과는 상관없이 살아요 하는 대답과 같은 것입니다. 교회가 주님의 재림과 휴거에 대하여 남의 일처럼, 또는 자신이 살아 있을 동안에는 일어나지 않을 먼 훗날의 일일 것이라는 생각을 막연하게라도 가지고 있다면 그 교회는 주님 오실 때 천지가 불살라지는 현장에 남아있을 가능성이 매우 큽니다. 왜냐하면 준비를 하지 않을 것이기 때문입니다. 왜냐하면 믿음이 없는 것이기 때문입니다.

지금이 마지막 때이고 세상 끝이라는 것은 믿지 않는 사람들도 인정합니다. 요즈음의 세상이 돌아가는 것을 보며 마지막 때 같다고 말들을 합니다. 세상의 영화들도 그 때를 반영한 것들이 많이 나오고 있습니다. 어떤 통계는 최근에 만들어지는 영화의 반 이상이 마지막 때, 지구의 종말과 심판 등을 주제로 만들어졌다고 합니다.

노아의 홍수를 다룬 영화가 3-4년 전에 나왔고 이어서 출애굽기를 소재로 한 엑소더스 (Exodus)라는 영화도 소개되었습니다. 이 두 영화는 각각 심판과 구원을 주제로 한 것입니다. 요즈음 이러한 영화들이 나오고 있다는 것에 영감을 받기 바랍니다.

휴거 되는 성도들

이것은 하나님께서 세상의 문화를 통하여도 주의 날이 가까웠다는 것을 알려주는 것입니다.

이처럼 안 믿는 자들도 세상적인 것을 통하여 말세에 대하여 감을 잡고 있는데 오히려 믿는 사람들은 마지막 때에 대하여 둔감합니다. 마지막 때의 불감증이 가장 심한 곳은 교회입니다. 휴거와 재림에 대하여 설교하지 않습니다. 요한계시록을 가르치지 않으며 가르칠 줄도 모릅니다. 가장 깊은 잠에 빠진 곳이 교회입니다.

지금은 주님 오기 직전에 일어날 것이라고 예언된 말씀들이 모두 이루어졌습니다. 마태복음 24장을 읽고 그 내용을 지금의 현실과 맞추어 보면 쉽게 이해가 갑니다. 그것을 이해하기 위하여는 깊은 영적 통찰력을 요하지도 않습니다. 너무 사실적이고 현실적이고 피부로 느낄 수 있으므로 다른 설명이나 해석이 필요 없습니다.

이제 남은 것은 휴거입니다. 심판입니다. 7년 대환난입니다. 휴거는 반드시 일어나는데 지금 초 읽기에 들어갔으며 언제라도 주님이 오시어 성도들을 데리고 갈 수 있는 그러한 상황 속에 있습니다. 지금 교회는 요한계시록의 6장 9절에서 11절의 말씀 가운데 있습니다. 다섯째 인을 뗀 상태에서 순교자의 수가 차기를 기다리고 있습니다. 지금 수 많은 크리스천들이 그리스도를 믿는 믿음과 그리스도의 복음을 전한다는 이유로 죽어가고 있습니다.

순교자에 대한 전문 연구가인 데이빗 바렛 (David Barret)의 한 보고서는 주님 오신 이후로 2000년도까지 기독교 순교자는 약 7천만 명 정도라고 합니다. 일 년에 평균3만 5천 명이 순교한 것입니다. 그러나 2001년에서 2010년까지의 순교자 수는 약 백만 명으로 일 년 평균 십만 명이 순교한 것입니다. 이 숫자는 2천년대에 들어서 순교자의 수가 그 전 보다 세 배나 증가한 것입니다. 지금은 인류 역사상 가장 많은 크리스천들이 믿음 때문에 죽임을 당하고 있는 때입니다.

최근에 중동과 아프리카에서 자행되는 이슬람 극단주의 자들의 기독교인에 대한 테러와 살상은 유래가 없을 정도로 심각합니다. 불과 몇 년 전인 2015년 4월 2일에는 보코하람이라는 이슬람 무장단체가 케냐의 가리사 (Garissa)대학에서 기독교 학생만 골라서 147명을 죽였습니다.

참으로 많은 동무 종들과 형제들이 죽임을 당하고 있으며 그 수가 빠르게 차가고 있습니다. 그 수가 얼마인지 우리는 모릅니다. 그 수는 하나님만 아십니다. 주님이 오시기 위하여 채워질 순교자의 수가 얼마인지는 모르지만 그 수가 차면 휴거가 일어납니다. 요한계시록 6장 9절에서 11절까지를 보겠습니다.

"다섯째 인을 떼실 때에 내가 보니 하나님의 말씀과 그들이 가진 증거로 말미암아 죽임을 당한 영혼들이 제단 아래에 있어" "큰 소리로 불러 이르되 거룩하고 참되신 대주재여 땅에 거하는 자들을 심판하여 우리 피를 갚아 주지 아니하시기를 어느 때까지 하시려 하나이까 하니" "각각 그들에게 흰 두루마기를 주시며 이르시되 아직 잠시 동안 쉬되 그들의 동무 종들과 형제들도 자기처럼 죽임을 당하여 그 수가 차기까지 하라 하시더라"(계 6:9-11).

휴거 후 세상은 대환난의 심판으로 들어갑니다. 요한계시록 6장 12절의 여섯째 인을 떼면서 7년 대환난이 시작됩니다.

"내가 보니 여섯째 인을 떼실 때에 큰 지진이 나며 해가 검은 털로 짠 상복 같이 검어 지고 달은 온통 피 같이 되며"(계 6:12).

그러니 준비해야 합니다. 그 날이 속히 오기를 앙망하며 준비하십시오. 그러나 그 날과 시간은 아무도 모릅니다. 그러므로 교회는 지금 준비되어 있어야 합니다. 내일 준비하면 늦을지 모릅니다. 항상 준비되어 있어야 합니다. 지금이 구원받을 때요 은혜의 때입니다. 회개하고 의로움과 거룩함으로 주님 오실 길을 예비하는 교회가 되기를 그리스도의 이름으로 축원합니다.

믿는 사람들 중에도 세상을 사랑하는 사람은 주님이 오는 것에 관심이 없습니다. 현재의 삶이 편하고 안전하고 부유한 사람들은 주님이 곧 오시는 것을 마음에 두기를 싫어합니다. 왜냐하면 세상을 누리는 것에 더 큰 소망이 있기 때문입니다. 이러한 사람들은 주님이 언제 와도 준비가 안될 사람들입니다. 들림 받는 사람들은 천국에만 소망을 두는 사람들입니다. 지금 땅에서의 행복이 아무리 크다고 해도 천국에서 누릴 수 있는 것과 족히 비교를 할 수 있겠습니까?

지금을 마지막 때라고 믿고 주님 오실 날을 손꼽아 기다린다면 그 사람은 믿음이 있는 것이며 하나님께서 기뻐할 사람입니다. 왜냐하면 말씀 대로 믿고 행하는 것이기 때문입니다. 이러한 사람들은 준비되었고 휴거 될 사람들입니다. 여러분의 믿음은 어디쯤에 와있습니까? 2천 년 전에 곧 오신다고 말씀하고 아직 안 온 것으로 미루어 보아 아직 천 년은 더 기다려야 할 것 같습니까? 2천 년 전에 곧 온다고 말씀하였으면 2천 년이 지난 지금은 그 때가 얼마나 더 가까워졌겠습니까? 어차피 도둑같이 온다고 하였으니 잠을 계속 자겠습니까? 여러분은 지금의 삶이 너무 편하고 안전하므로 주의 날이 순식간에 닥칠 것에 대하여 상상이 잘 안될 수도 있습니다. 그러나 성경은 그러한 날, 안전하다 평화롭다 할 때 멸망의 날이 갑자기 임한다고 말씀합니다. 데살로니가전서 5장 1절에서 3절까지를 보겠습니다.

"형제들아 때와 시기에 관하여는 너희에게 쓸 것이 없음은" "주의 날이 밤에 도둑 같이 이를 줄을 너희 자신이 자세히 알기 때문이라" "그들이 평안하다, 안전하다 할 그 때에 임신한 여자에게 해산의 고통이 이름과 같이 멸망이 갑자기 그들에게 이르리니 결코 피하지 못하리라" (살전 5:1-3).

휴거와 주의 재림을 잊고 편안하게 사는 사람들은 피하지 못할 멸망으로 들어가는 것입니다. 이것은 참으로 두려운 일입니다. 다음은 마태복음 24장 37절에서 39절까지를 보았습니다.

"노아의 때와 같이 인자의 임함도 그러하리라" "홍수 전에 노아가 방주에 들어가던 날까지 사람들이 먹고 마시고 장가 들고 시집 가고 있으면서" "홍수가 나서 그들을 다 멸하기까지 깨닫지 못하였으니 인자의 임함도 이와 같으리라" (마 24:37-39).

이 말씀도 세상의 삶에만 집중하는 사람들은 멸망하는 순간까지도 깨닫지 못한다는 것입니다. 노아만 심판이 가까운 것을 알았고 아무도 몰랐습니다. 노아만 준비하였고 나머지는 준비하지 않았습니다. 노아만 의로웠고 다른 모든 사람들은 악했습니다. 노아만 살았고 모두 죽었습니다. 지금이 그 때와 다르지 않다고 주님은 말씀하는 것입니다. 여러분은 지금 노아입니까 홍수에 쓸려갈 사람 중에 하나이겠습니까?

먹고 마시는 것이 기도보다 우선입니까? 메추리 고기가 말씀보다 더 맛있습니까? 집 모기지 때문에 일합니까? 전도하기 위해 일합니까? 교회가 만나는 사람마다 그리스도의 복음을 전하지 않는다면 그 교회는 홍수로 쓸려갑니다. 지금은 때가 너무 가까우므로 급하게 전해야 합니다. 긴박하게 전도해야 합니다. 유월절에 애굽에서 나올 때 그들은 모든 준비를 하고 신까지 신고 급히 먹고 나가야했습니다. 출애굽기 12장 11절을 보겠습니다.

> "너희는 그것을 이렇게 먹을지니 허리에 띠를 띠고 발에 신을 신고 손에 지팡이를 잡고 급히 먹으라 이것이 여호와의 유월절이니라"(출 12:11).

하나님께서 그들이 꾸물거리다 화를 당할까 염려하여 그렇게 지시한 것이 아닙니다. 구원은 급한 것이라는 메시지를 보내는 것입니다. 위의 구절 중에 "이것이 여호와의 유월절이니라"는 부분을 보겠습니다. 여기서 "이것"은 무엇을 가리키는 것입니까? 급히 준비하고 먹으라는 것을 가리키는 것입니다. 그렇게 하는 것이 여호와의 유월절이다 라고 설명하는 것입니다. 다시 말하면 급한 것이 하나님의 구원이다 라는 의미입니다. 즉 구원의 절박함을 말씀하는 것입니다. 어제 전도하지 않은 그 영혼이 오늘 밤에 어떻게 될지 모릅니다.

급박한 구원과 관련하여 제가 전도하고 성경을 가르친 리키라는 사람의 이야기를 잠시 나누겠습니다. 이 사람의 고향은 과테말라인데 미국에서 가족과 떨어져 혼자 지낸 지 여러 해가 되었습니다. 2014년에 저의 전도로 예수를 처음 믿기 시작한 리키는 말씀에 대한 갈급함이 있었습니다. 그리하여 믿기 시작한 직후부터 매일 성경을 한 시간씩 읽었고 매 주일 교회의 예배에 참여하였습니다.

휴거 되는 성도들

그런지 약 2개월 후부터 일 주일에 한번 6시간씩 3개월 정도 저에게 성경을 배웠습니다. 리키는 놀라운 열정으로 말씀을 배우고 배운 말씀대로 삶을 교정하며 순종하였습니다. 그러면서 동시에 과테말라에 있는 자신의 아내와 자녀들에게 전화로 성경을 가르쳤습니다. 가족들은 이미 수년 전부터 예수를 믿고 있었습니다. 나중 된 자가 먼저 된 경우입니다.

또한 성경을 리키로부터 배운 아내와 딸은 그 내용을 교회에서 설교하였습니다. 그의 아내가 교회에서 처음 전한 말씀의 주제는 회개였습니다. 제가 리키에게 가장 먼저 가르친 것도 회개였습니다. 미국 뉴저지에서 리키에게 가르친 회개의 말씀이 두 달 만에 땅 끝 남미의 과테말라에서 그의 아내와 딸을 통하여 그대로 선포되었습니다. 이 일은 성령이 하신 것입니다.

이처럼 성령님은 지금 구원이 급합니다. 우리 인간은 구원이 급하지 않은데 하나님은 우리의 구원이 참으로 절박합니다. 리키는 저에게 성경을 3개월 동안 배운 후 교회에서 장학금까지 제공하며 신학교를 갈 것을 권유 받았습니다. 리키가 예수를 믿은 지 불과 6개월밖에 되지 않았을 때입니다. 교회는 리키의 믿음과 거듭난 삶을 보았고 성경지식의 탁월함을 인정하여 그렇게 한 것인데 성령께서 도운 것입니다.

이런 일이 있은 지 몇 개월 후 리키가 저를 찾아왔습니다. 과테말라에 있는 여동생이 며칠 전에 죽었다는 것이었습니다. 그러면서 자기에게 자식이 더 늘어났다고 반가워했습니다. 여동생의 자녀를 말하는 것이었습니다. 리키는 병으로 죽어가는 믿지 않던 동생과 죽기 며칠 전에 통화를 하면서 네가 죽기 전에 내 부탁을 하나 들어줄 수 있느냐고 물었다고 합니다. 그러자 동생은 자신이 할 수 있는 것이면 들어주겠다고 했습니다. 리키는 동생에게 죽기 전에 예수를 믿으라고 했습니다. 동생은 그러겠다고 하였습니다. 그리하여 리키의 여동생은 오빠의 전도로 죽기 3일 전에 예수를 영접하고 처음으로 교회를 다녀온 후 하늘나라로 갔습니다.

리키는 구원이 급한 사람입니다. 자신의 구원도 급하고 아내의 구원도 딸의 구원도 그리고 여동생의 구원도 너무나 급박한 것이었습니다. 이러한 구원의 절박성이 영혼을 구원합니다. 이것이 여호와의 유월절입니다. 이것이 하나님의 구원입니다. 지금은 마지막 때이니 더욱 절박한 마음으로 스스로의 구원을 살피고 다른 영혼을 전도하고 가르치는데 급한 마음을 가져야 할 것입니다.

어떤 분이 신학교 학장이 졸업을 앞둔 학생들에게 중요한 세 가지를 당부하는 것을 직접 들었는데 마지막 때라는 말을 하지 말 것과 회개에 대하여 설교하지 말 것과 헌금을 강조하지 말라는 것이었다고 합니다. 그 이유는 이 세 가지를 교인들이 제일 듣기 싫어한다는 것이었습니다. 이 것은 실제로 있었던 일인데 참으로 가슴 아프고 한심한 이야기입니다. 가장 중요한 것 세 가지를 말하지 말라는 것입니다. 어느 신학교인지는 모르겠지만 저러한 사람을 학장으로 두고 있으니 학생들이 불쌍합니다. 사실은 이 학교만 불쌍한 것이 아닙니다. 지금 현대의 교회를 반영하는 이야기입니다. 이러한 가르침을 받은 신학생이 목사가 되므로 지금 교회에서 휴거와 마지막 때에 대한 설교를 잘 듣지 못하는 것입니다.

교회에서 주의 재림과 휴거를 잘 설교하지 않는 데는 또 다른 이유가 있습니다. 소위 시한부 종말론자들이 휴거 될 날짜까지 정확하게 예언하고 그것을 준비한다고 재산을 모두 교주에게 바치게 하는 등 비정상적이고 건강하지 않은 믿음생활을 한 일들이 있었기 때문입니다. 그 날과 시간은 아무도 모릅니다. 마태복음 24장 36절을 보겠습니다.

"그러나 그 날과 그 때는 아무도 모르나니 하늘의 천사들도, 아들도 모르고 오직 아버지만 아시느니라"(마 24:36).

여기서 말하는 "때"는 시간 (hour)을 의미합니다. 그러므로 날과 시간까지 예언하는 것은 믿을 수 없는 것이며 이러한 것에는 미혹되지 말아야 합니다. 이단들이 휴거의 용어를 많이 사용하고 세상을 미혹한 적이 종종 있었던 것은 사실이지만 그럼에도 불구하고 교회는 휴거와 마지막 때를 가르쳐야 합니다. 사람들의 눈이 두려워 진리를 외면할 수는 없습니다.

다음은 주님이 오시는 그 날과 그 때는 아무도 모른다는 말씀과 관련하여 그 말씀의 진정한 의미를 다시 한번 살펴보겠습니다. 아모스 3장 7절을 보겠습니다.

"주 여호와께서는 자기의 비밀을 그 종 선지자들에게 보이지 아니하시고는 결코 행하심이 없으시리라" (암 3:7).

이 말씀은 주님 오실 때를 모두 깜깜하게 모르지는 않는다는 것입니다. 참된 주의 종에게는 좀더 구체적으로 알리십니다. 주의 종 만 아니라 믿는 자들은 누구나 영적으로 깨어 있기 만하면 주의 날이 도둑처럼 임하지 않습니다. 데살로니가전서 5장 4절에서 6절까지 보겠습니다.

"형제들아 너희는 어둠에 있지 아니하매 그 날이 도둑 같이 너희에게 임하지 못하리니" "너희는 다 빛의 아들이요 낮의 아들이라 우리가 밤이나 어둠에 속하지 아니하나니" "그러므로 우리는 다른 이들과 같이 자지 말고 오직 깨어 정신을 차릴지라" (살전 5:4-6).

믿지 않거나 믿어도 영적으로 깨어 있지 않은 사람에게는 그 날이 도둑처럼 오지만 깨어 있는 사람들은 어둠에 있지 않음으로 그 때를 알 수 있다는 것입니다. 그렇다면 깨어 있는 사람들에게는 하나님께서 정확한 날과 시간은 알려주지 않으시더라도 년도나 달은 알려줄 수 있지 않겠습니까? 그 날이 가까울수록 더욱 자세하게 알려줄 수도 있지 않겠습니까? 노아는 방주를 짓는 동안에는 언제 홍수가 시작될지 정확하게 몰랐을지라도 7일 전에는 하나님께서 알려주었습니다. 창세기 7장 4절을 보겠습니다.

"지금부터 칠 일이면 내가 사십 주야를 땅에 비를 내려 내가 지은 모든 생물을 지면에서 쓸어버리리라"(창 7:4).

노아는 7일 전에 홍수가 시작될 것을 알았고 방주 안으로 들어갔습니다. 주님께서는 승천할 때에 그의 제자들에게 성령을 부어준다는 약속을 하였는데 그 말씀을 들은 제자들은 예루살렘을 떠나지 않고 모여 기도하였습니다. 정확한 날과 시간은 주지 않았지만 며칠 내에 성령을 받게 될 것이라는 것은 알려주었습니다. 그때에 많은 사람들은 그 말씀을 듣지 못하였고 오직 예수님의 사도들만 들었습니다. 사도행전 1장 4절, 5절을 보겠습니다.

"사도와 함께 모이사 그들에게 분부하여 이르시되 예루살렘을 떠나지 말고 내게서 들은 바 아버지께서 약속하신 것을 기다리라" "요한은 물로 세례를 베풀었으나 너희는 몇 날이 못되어 성령으로 세례를 받으리라 하셨느니라"(행 1:4-5).

이러한 일들을 종합해보면 마지막 때에 신실한 주의 종들은 휴거의 날, 심판의 날을 더 잘 알 수 있을 것입니다. 주의 종이 아니더라도 깨어 있는 사람들에게는 때가 가까울수록 더욱 상세하게 알리고 준비시킬 것입니다. 그러므로 마지막 때일수록 신실하고 영적인 주의 종을 만나고 신령하고 거룩한 믿음의 형제자매들이 함께 교회를 이루는 것이 중요합니다.

이러한 교회는 가르치고 복음 전하는 일에 급합니다. 전도와 선교에 빠릅니다. 리키처럼 자신의 구원도 급하고 아내와 자녀의 구원도 급하고 혈육의 구원도 급하고 뭇 영혼들의 구원이 너무 긴급합니다. 이런 교회가 여호와의 급한 유월절을 아는 교회이며 가나안으로 들어갈 교회이며 휴거가 임박한 것을 깨닫는 교회이며 휴거 되는 교회입니다. 휴거 되는 성도는 구원이 급한 성도입니다.

휴거 되는 성도들 ——————————————————

초판 1쇄 2019년 2월 19일

지은이   다니엘조
펴낸곳   쉐미니 아쯔렛 (Shemini Atzeret)
주 소   경기도 안양시 동안구 평촌동 41-6 B/201
이메일   sukkot777@gmail.com
등 록   2018. 8. 20 제2018-000081

ISBN   979-11-964731-3-6 03230

이 도서의 국립중앙도서관 출판예정도서목록(CIP)은 서지정보유통지원시스템
홈페이지(http://seoji.nl.go.kr)와 국가자료공동목록시스템(http://www.nl.go.kr/
kolisnet)에서 이용하실 수 있습니다. CIP제어번호: CIP2019001003